文旅融合的理论与实施路径探究

胡汉青◎著

文化发展出版社
Cultural Development Press
·北京·

图书在版编目（CIP）数据

文旅融合的理论与实施路径探究 / 胡汉青著．— 北京 ：文化发展出版社，2023.12
ISBN 978-7-5142-4275-1

Ⅰ．①文… Ⅱ．①胡… Ⅲ．①旅游文化－旅游业发展－研究－中国 Ⅳ．① F592.3

中国国家版本馆 CIP 数据核字 (2024) 第 025159 号

文旅融合的理论与实施路径探究

胡汉青　著

出 版 人：宋　娜
责任编辑：袁兆英　　　　责任校对：岳智勇
责任印制：邓辉明　　　　封面设计：谢婉莹
出版发行：文化发展出版社（北京市翠微路 2 号　邮编：100036）
网　　址：www.wenhuafazhan.com
经　　销：全国新华书店
印　　刷：天津和萱印刷有限公司

开　　本：710mm×1000mm　1/16
字　　数：203 千字
印　　张：11.5
版　　次：2024 年 7 月第 1 版
印　　次：2024 年 7 月第 1 次印刷

定　　价：72.00 元
I S B N：978-7-5142-4275-1

前　言

随着我国经济的崛起，文化自信成为国家战略的重要组成部分。文化创意产业、文化遗产保护与开发等得到越来越多的关注和支持。同时，文化产业的发展也面临着转型升级的压力，需要通过与其他产业的融合发展寻找新的增长点。旅游业作为国民经济的重要支柱产业，在政策支持、市场需求等方面都得到了极大的关注。随着人们生活水平的提高，旅游消费需求也在不断增长，对于旅游体验、旅游品质的要求越来越高。政策支持、市场需求的推动，以及文化自信和旅游强国建设都为文旅融合提供了广阔的发展空间，文化旅游已成为国民经济的重要支柱产业。目前，文旅融合已经取得了一定的成果。例如，一些文旅融合的创新模式已经在实践中取得成功，如文化产业园区、文化旅游景区、特色小镇等。同时，也需要注意到在文旅融合的过程中还存在着一些问题，如文化产业与旅游产业的利益诉求差异、资源整合不足、缺乏专业化人才等。基于此，本书紧紧围绕文旅融合的理论与实施路径展开论述。

本书共五章。第一章为文旅融合概述，主要包括四节内容，分别是旅游与文化的关系、文旅融合发展现状与态势分析、文旅融合的相关概念、文旅融合发展的意义；第二章为文旅融合发展概述，主要包括三节内容，分别是文旅融合发展的动力和机制、文旅融合发展的动因与障碍、文旅融合发展的手段与模式；第三章为文旅融合背景下旅游演艺产业发展，主要包括三节内容，依次是旅游演艺概述、基于文化元素运用的旅游演艺项目分类、文旅融合背景下旅游演艺舞台艺术繁荣的现实路径；第四章为文旅融合背景下乡村旅游规划，主要包括四节内容，分别是文旅融合与乡村振兴的互动关联、文旅融合背景下乡村旅游规划理念、文旅融合背景下乡村旅游规划原则、文旅融合背景下乡村旅游产品开发；第五章为我国文旅融合发展实践，主要包括六节内容，分别是华北地区文旅融合实践、华东地区文旅融合实践、华南地区文旅融合实践、东北地区文旅融合实践、西北地区文旅融合实践、西南地区文旅融合实践。

在撰写本书的过程中，作者得到了许多专家学者的帮助和指导，参考了大量的学术文献，在此表示真诚的感谢。本书内容系统全面，论述条理清晰、深入浅出，但由于作者水平有限，书中难免会有疏漏之处，希望广大同行及时指正。

胡汉青

2023 年 6 月

目 录

第一章　文旅融合概述

本章为文旅融合概述，主要包括四节内容，分别是旅游与文化的关系、文旅融合发展现状与态势分析、文旅融合的相关概念、文旅融合发展的意义。

第一节　旅游与文化的关系

一、旅游是文化的载体

20 世纪 80 年代后期，我国旅游业飞速发展，引发了学术界对旅游与文化的关系研究。不少学者对旅游文化的概念做了界定，但是由于学者看问题的角度不一，所以至今没有一个统一的定义。

旅游是旅游主体作用于旅游客体的行为过程。通过中介体完成旅游主体对旅游客体的作用过程是现代旅游的一个显著特征。现代旅游是三体并存的形态，旅游文化就在旅游主体的移动中，在旅游客体、旅游主体、旅游中介体之间的相互作用中充分彰显出来。

文化现象是随着旅游主体的感受和移动而诞生和发展的。不同的文化现象形成了内在的有机联系，进而构成了旅游文化体系。旅游主体能够有效突破空间限制，将旅游目的地和不同社会文化背景、旅游客源地的人们紧密联系起来。因此，也有人将旅游称为“文化大串联”，认为游客既是旅游文化的主体，又是旅游文化的载体。旅游客体是主体的游览对象，在旅游活动的过程中促进主体审美的发生，使客体与主体发生撞击与融合。旅游产业结构中的游览场所、住宿设施、交通工具是旅游活动中不可或缺的物质因素，辅助旅游主体完成对旅游客体的审美。三者在旅游活动中形成紧密的链条，使旅游文化体系成为各个环节的连续活动过程，并且形成社会文化聚合。因此，加强对旅游三元结构的了解和认知是对旅游文化进行界定的重要依据。

此外，旅游不仅仅是旅游主体的行为过程，还有效推进了社会与社会、文化与文化之间的相互交流和联系。旅游是为了更好地传递文化，旅游主体在对自身、自然、旅游中介体产生作用的同时，旅游主体的行为方式、意识观念也逐渐融入旅游目的地所处的社会文化体系和系统中，对其本身具有的文化形成强有力的冲击，影响目的地的心理平衡和生态平衡。但是，旅游目的地的文化系统并不是一味地被动接受，而是凭借其所独有的自然文化资源吸引旅游主体，向旅游主体彰显其所具有的文化魅力。

众所周知，旅游是文化的有效载体。旅游的发展过程实际是文化与旅游相互融合的有效过程，也是旅游对文化产生强有力影响的过程，更是旅游对文化的发掘、优化、传承、保护的动态过程。

（一）旅游发展与文化发掘

旅游受制于文化，是旅游与文化关系中非常明显的一个侧面。旅游与文化的另一个侧面是，旅游毕竟是一种独立的社会文化现象和经济现象，它受制于文化又游离于文化之外，给文化带来较大的影响。

旅游本身是文化交流的形式之一，游客既是文化的观摩者，也是重要的参与者，在旅游活动中，能够给人留下最深刻印象以及最有吸引力的内容便是文化，也可以说，旅游的灵魂是文化。文化元素是构成文化的基本组成单位，也是有效提高游客吸引力的重要因素。在众多的景区案例中，可以发现，发掘文化因素逐渐从零星到系统、从分散到集中、从自发到自觉、从隐性到显性，这样既能够彰显文化的民族性、稳定性、传承性，又能更好地贴合文化发展所体现出的多样性。

文化本身具有的多元性使得文化元素分类相对较为多元和复杂，为了更好地加强旅游对文化元素挖掘的有效认知，可以根据系统表现形式将文化具体划分为商务文化、休闲文化、观光文化、会展文化、体育文化、修学文化、生态文化和宗教文化。

旅游的核心和实质是文化。旅游活动中最能够提高游客吸引力的因素也是文化因素。旅游景区的开发要想取得成功，最为重要的是加强对文化的发掘。每一个旅游项目在开发时必然有动因，有时动因是文化吸引物本身，有时是为了提高开发效益而主动加强对文化的发掘，想要借此来更好地提升旅游项目的内涵和格调。但不论是哪种情况，为了更好地提高开发效果和质量，加强对文化的发掘是必须慎重思考的内容，同时也应该遵守区域性、原真性、保护性和效益性等原则。

随着经济社会的不断发展，文化旅游成为广受青睐的旅游形式，也迸发出旺盛的生命力。文化因素对现代旅游活动产生的影响力也逐渐凸显，并将持续深入。

首先，游客选择旅游的行为实质上是文化消费行为，想要进行外出旅游是为了更好地获得心理的满足感和精神上的极致享受；而旅游景区的经营者想要提高经济效益，就必须提供更能满足游客需求的产品。不论是人文旅游资源抑或是自然旅游资源，想要更好地激发游客参与旅游的积极性和主动性，就必须具备独一无二的民族文化内涵，以满足游客对于艺术、史学、社会学、科学、文学等的需求。

其次，旅游文化是确保国家旅游业保持特色和竞争力的决定性因素。民族的东西是独特的，文化的流传是永久的。任何一个国家要想推动旅游业的发展，必然要彰显民族传统文化的内涵和底蕴，彰显民族所具有的独一无二的精神内涵，只有这样才能保持对游客持久和强大的吸引力。

再次，文化能够有效提高工作人员的能力和素质，提升管理水平。旅游文化能否得到体现取决于旅游业的从业人员和管理者，他们的综合素质高低、管理经营水平的好坏将直接影响游客在旅游过程中能否获得好的精神满足和审美享受，也会影响到旅游资源的利用和开发程度，进而影响到旅游业的发展。未来旅游行业的竞争势必要集中于旅游文化方面，游客对于旅游服务、旅游资源的需求更加倾向于富有参与性、科技水平高、文化性强的项目。因此，相关工作人员和管理者必须具备较好的文化素养、较高的综合素质、较强的管理经营水平，只有这样才能更好地与国际接轨，满足新时代对于旅游业的需求，推动我国旅游业的持续发展，保持较强的国际竞争力。

最后，文化是旅游业提高竞争力、打造品牌形象的有效法宝。旅游过程中，游客对于物质的需求是相对较为基础和低级的，很容易得到满足；对于精神文化层面的追求是相对多元且高层次的，较难得到满足，但这一因素又会影响整体的局面和发展。若不能给游客提供精神方面的享受，旅游业将失去其价值和意义。同时，由于文化的传承性、民族性、地域性的特点，往往不同国家和地区所具有的文化是独一无二、难以复制的。文化是旅游业在竞争过程中的一种无形力量，也是推动旅游业发展和升华的重要资源。

可见，旅游行为创造文化。旅游资源中蕴含着丰富的文化因素和基因，旅游能够更好地推动文化的产生和传播。在文明社会发展过程中，人们通过旅行能够获得较强的精神愉悦感，也正是这种感受有效刺激诗人进行文学创作，由此产生了大量的游记。游记文学也就此发展并走向繁荣。在古代，流放或贬谪是相对较为被动的旅游行为。一方面，旅游主体对于即将面对的旅游行为并不心甘情愿，甚至有排斥情绪；另一方面，在旅游过程中接触的新的人文环境和自然环境又能给予旅游主体强有力的刺激，激发其创作的动力。于是，很多诗人在低谷时期创造出了丰富且宝贵的文化作品。伊犁的林公渠、杭州的白堤和苏堤、桂林的摩崖石刻都是具有丰富文化价值和意义的重要旅游资源。

旅游是一种社会经济现象，具有非常强烈的文化属性。对于旅游媒介而言，旅游是一种经济行为；而对于游客自身而言，旅游是一种文化行为。旅游观赏对象本身具备丰富多元的文化，旅游活动本身又能够对文化进行创造。旅游活动的本质是为了更好地满足游客的精神需求。旅游作为实践活动的重要形式，主要的对象是广袤的自然。气势恢宏的文学艺术作品大多源于自然万物。旅游审美活动的内容是丰富多样的，包含建筑园林、文物古迹、社会风尚、音乐舞蹈、自然景观等，这些源于自然但同时又高于自然的旅游审美活动是自然和人紧密结合的重要代表，能够充分彰显人类的追求和智慧，也同时具备对游客的吸引力。

（二）旅游发展与文化优化

欣赏和了解异族文化是游客外出旅游的动机之一。越是有特色的文化，越能吸引游客。为了发展旅游业，旅游目的地总是设法突出自己的民族文化特色，从而使文化能够得到优化和弘扬，如旅游使云南丽江古城所具有的文化特色更加突出和优化。

旅游文化是传统文化的重要组成部分，既依赖于传统文化，又不断推动着传统文化发展。在经济利益的有效引导下，各地都在探索用传统文化包装现代旅游的有效开发措施和手段，使许多具有丰富文化价值和内涵的传统文化遗产得到了有效保护和发掘。随着游客吸引力的不断提高和游客量的不断增多，游客对于旅游目的地所具有的民族传统文化需求也在不断提升，这使得各地对于本地所拥有的传统物质文化和精神文化愈发重视，很多濒临失传的文化资源得到了有效开发和利用，并融入旅游市场中。传统文化也随着旅游业的不断发展而迎来了自身的繁荣。

传统文化既丰富了现代旅游业的内容，也有效借助旅游发展得到了传承和弘扬。但在实际发展过程中也存在部分不和谐现象，如本地的民族风情和特色文化遭到了外地文化的渗透和侵袭，使本地文化失去了特色。但不可否认的是，绝大多数的传统文化有效借助旅游业得到了充分保护和弘扬，已经成为旅游业发展的依托。各地在推动旅游文化发展的过程中，一方面大力发掘和利用本地的传统文化，另一方面又在不断地推陈出新，创造出各种各样的新的文化形式，以满足游客日益增长的物质文化需求。传统文化借助旅游文化的经济功能得以留存和弘扬，而旅游文化因为传统文化而不断发展壮大，成为未来各地旅游业竞争的源泉和动力。

当地居民和游客之间的文化交流也能有效促进旅游发展。旅游使人们暂时远离自己所熟悉的环境，到一个相对较为陌生的环境，接触全新的事物和人，在与旧环境截然不同的背景和条件下，人们能够以新的视野和角度对事物进行认知，也能通过观赏游览增长见识，加深对旅游目的地的了解，有助于消除隔阂、避免误会、增进友谊、加深了解，让世界各地的游客都能走进旅游目的地，也让旅游目的地有更多的机会和途径走向外界，从而实现相互理解、相互交流，构建友谊。正是因为人们坚信旅游能够有效推动各国的沟通交流和和平发展，1986 年，旅游促进和平国际协会成立，并且于 2000 年 11 月发表了著名的《安曼宣言》，提出了基本目标并确定了加盟国家。《安曼宣言》得到了 60 个国家的 450 多名代表的认可，其中包含 22 个大型国际旅游公司的首席执行官。这是一份具有较为深远影响和价值的重要文件，它致力于推动世界各国之间的沟通和交流，促进世界的和平发展。由此可见，旅游文化是推动世界相互联系、相互了解、和平相处、共同发展的重要途径和有效工具。

文化是明天的经济。由于旅游文化在旅游业发展过程中所具有的独一无二的地位和价值，使旅游文化在现代旅游发展中所具有的魅力得到了彰显。旅游业的竞争实际是文化之间的竞争，旅游目的地的文化品位和内涵的实际情况在一定程度上也会影响旅游目的地所具有的竞争实力和旅游特色，更会直接影响旅游业的发展。

旅游作为人类特有的一种生活方式，主要是满足游客高层次的精神需求和文化享受，因此在旅游业的发展过程中，只有提高旅游目的地和旅游资源的文化内涵和品位，才会对游客产生持久的吸引力，才能实现旅游业的持续、健康、快速发展。因此，在旅游业的发展过程中，旅游文化扮演着至关重要的角色，正日益成为旅游业发展的新的经济增长点。

（三）旅游发展与文化传承

从时间层面来讲，旅游文化具有一脉相承的属性和特点。所有的现有文化都是从旧文化中诞生且发展而来，都对先前文化成果进行了有效继承，并在此基础上进行新文化的创造，进而形成纵向的文化内涵，使文化积淀更具有价值和意义。现有的旅游文化是经过长期的历史演变和积淀而来。资源越古老，历史积淀越丰富。从制度层面来讲，传统的旅游文化规范时至今日还有部分尚在使用。从先秦的《禹贡》到明朝的《徐霞客游记》，以及唐代的《大唐西域记》、东晋的《法显传》等，都是在制度层面进行历史传承的有效佐证。在精神层面，古代很多优秀的旅游文化观念保留至今，并影响了一代又一代人，如宗教旅游中的朝圣理念依旧延续并持续产生影响。

文化形态的产生源于历史文化传统和社会生产实践，文化形态想要得到发展必然要对母体中有价值和有生命力的部分进行汲取，并通过实践不断进行检验。这并非能一蹴而就，而是需要循序渐进，且无法随意模仿、移植、凭空创造。近年来，民族文化村大量涌现，其中的节庆表演项目虽然能够给游客带来一定的视觉和心理享受，但这种脱离生产实践、脱离生活、脱离原生文化传统背景的内容，势必不会长久，也不能给游客带来持续性的吸引力，更不能满足游客对于真实体验感的需求。旅游文化学是近年来兴起的学科，所具有的理论研究相对较少，研究成果也相对较为匮乏。比如，与旅游经济学相比，其研究和成果数量存在较为明显的差距。因此，在这一学科的发展初期，需要加强对旅游学、文化学和其他学科的研究，需要借鉴和学习其他学科的研究方法、理论体系，需要对其他学科所具有的优秀成果和成功经验进行借鉴，进而不断推动学科发展。

但民族的行为规范、价值观念、文化内涵的传承并非直接复制粘贴，而是注重演进和变化。任何一成不变的文化形式都不具备任何生命力，也不具备吸引力，只有在垂直继承的前提下勇于创造、兼收并蓄，才能真正塑造有价值、有意义的文化。

区域之间的文化差异性是引发旅游活动的重要原因。游客想要到其他地区旅游，必然是想要了解和学习当地的文化，如生活习惯、民俗风情、住宿文化、饮食文化、服饰文化、文学艺术、景观文化、社会文化、历史文化等。同时，游客又将本民族、本地区、本国所具有的文化带到了旅游目的地，通过自己的行为方式在潜移默化中传播给旅游目的地的人们。因此，旅游能够有效推动文化之间的交流和传播。

（四）旅游发展与文化保护

文化是旅游的灵魂，旅游是文化的载体。旅游是一种特色经济，特色是其根本属性，也是其核心竞争力所在，而文化则是塑造特色的重要基础，旅游业的发展离不开旅游文化。文化是游客开展旅游活动的落脚点和出发点，也是旅游资源具备魅力和吸引力的重要源泉。

21 世纪以来，文化因素成为非常重要的旅游资源，也逐渐成为旅游业的本质、内核、支柱和灵魂。旅游文化所具有的地方特色和民族特色共同构成了旅游目的地独一无二的文化传统和背景。实践表明，没有优秀文化底蕴的旅游是缺乏灵魂和生命力的，是不具备吸引力的。旅游文化是每一个地区和国家旅游业彰显特色、提高竞争力的核心因素。文化是旅游的本质属性和特征，文化内涵之间的竞争也是现代旅游业竞争的实质和核心。因此，在推动和发展旅游业的过程中要加强对旅游文化的重视和发展。任何一个国家自身的旅游业若缺乏优秀传统文化的支持，便失去了特色，无法反映出民族的气节和精神内涵，从而丧失对游客的吸引力。

实践证明，凡是旅游业发展较好的国家，大多是具有较为优秀的旅游文化的国家。文化已经成为旅游的灵魂，文化与旅游融合、地域文化契合现代生活、传统与现代交相辉映，这些构成了旅游目的地的绝妙风景，成为引领新一轮经济转型升级的重要引擎。

文化是一个民族或国家在其长期发展过程中所形成的生活方式、风俗习惯、伦理道德、价值观念等精神与物质要素综合作用的结果及其表现。人类的智慧和劳动创造了文化，其存在和发展与人类社会的存在与发展紧密相连。文化的内涵博大精深。文化具有民族性、地域性，不同民族、地域和时代的人们所创造的文化具有不同的类型和特点，从而形成了不同的民族文化和历史文化。

文化是孕育旅游的母体，旅游也是承载文化的有效媒介和载体。古老灿烂的中华民族优秀文化，在一定程度上是靠旅游进行弘扬和传承的。旅游是文化的消费和创造过程。通过旅游，文化能够不断发展和提高，经济能够得到振兴和繁荣，物质文明和精神文明建设也能够得到长足的进步。

文化属于旅游资源的一种，是游客游览参观的重要对象，因此，任何一个想要发展旅游业的地区，当地必然会非常重视对民族文化的挖掘和保护工作。

首先，民俗艺术、历史文物古迹都应该受到政府的重视，政府相关部门应当组织专业的工作人员从多角度、多学科进行研究。这种全面、细致、科学、合理的研究能够使当地的文化价值得到充分肯定，从而为做好文化保护工作奠定良好的思想基础。

其次，政府为了进一步推动旅游业的发展，会采取更具有针对性和更实际的有效措施，加强对历史文化资源民族文化资源等的保护。比如，通过立法途径加强对古迹、文物等的保护；在城乡总体建设和系统规划中将历史和民族文化保护纳入其中，为人类遗产保护设计更加科学、长期的规划和安排；加强对民间工艺品的财政支持；对具有特殊技艺、对于文化传承和弘扬有重要影响和贡献的民间艺人进行褒奖；积极号召社会各界力量，加强对文化遗址的保护和修复；对传统艺术团体进行资金扶持，帮助其举办艺术节等。通过这些有效措施，能使民族文化和历史文化在现代找到合适的发展土壤，得到进一步传承和弘扬。

再次，对历史和民族文化的保护越来越注重突出群众性。旅游业发展相对较好的地区，当地人们的经济收入也相对较为可观，物质生活水平相对较好。与旅游业发展息息相关的自然环境和文化精粹自然也成为当地居民的“宝藏”，当地居民也愿意通过自身力量加强对自然环境和文化精粹的保护。事实上，有很多濒临绝迹的戏剧曲艺、传统食品、民间工艺品、民风民俗等都是在这种条件和背景下得到重新整理、保护和提高。若出于经济原因的文化保护意识能够和当地人们的文化教育水平息息相关，则会使历史和民族文化保护获得更强有力的支持。

最后，旅游业的飞速发展也为文化保护提供了有力的资金支持和帮助。以我国为例，过去对历史文物古迹的保护都是靠国家或地方政府有限的财政拨款，对历史文化难以起到有效的保护作用。为了推动旅游业的发展，可以将参观游览历史文物古迹的门票收入部分或全部用于保护历史文物古迹中，从而提高历史文物古迹的工作开展水平和质量。

二、文化是旅游的灵魂

（一）文化是旅游资源的魅力所在

旅游资源是旅游业发展的重要物质基础，是旅游的客体。旅游资源的构成条件是一致的。首先，必须具备一定吸引力，能够吸引游客，给游客提供一定的精神满足和物质享受。旅游资源的理论核心是吸引力因素，吸引力强弱也是对旅游资源进行评价的关键性指标。其次，旅游资源应当具备可利用性，能够具有一定的文化价值、社会价值、经济价值，也就是在对旅游资源进行开发时能够产生环境效益、社会效益、经济效益。最后，旅游资源是客观实在物，有的以实物形态进行呈现，如历史文物、自然风景；有的则以非物质形态的文化因素存在，如风土人情等。绝大部分的旅游资源都是先于旅游业而存在的，并不以开发利用为转移，即便是在现代形成的旅游资源，也是在形成以后被人们认知，并被开发商所看重，由此开发旅游业。随着游客的旅游习惯和爱好的逐渐转变，未来旅游资源所涉及的范围会不断扩大。

旅游资源具有很多特性，以下几点是与文化相关的特性。

1. 美学观赏性

旅游资源所具有的观赏性是区别于其他资源的重要特征。旅游的过程是学习、享受、探索的过程，在旅游过程中不仅能够学习宗教、地理、历史等方面的知识，还能强健体魄、开拓视野，保持心情愉快。游客在旅游过程中购买旅游产品也并非只是因为产品中所蕴含的劳动价值，而是因为旅游产品本身所具有的文化价值、历史价值、观赏价值。在旅游过程中，人们的目标和期许是一致的，希望通过旅游活动能够获得好的视觉享受，调节身心，保持健康的心理状态，满足精神需求，即在观赏美景的过程中保持精神愉快，在广闻博见中获得精神满足，在寄情山水中获得情感宣泄。

2. 民族文化性

资源是自然存在物，可以以任何形态存在，资源本身并不具备美的内涵，而是在人类的介入下，在自然物中映射人类文化，进而使自然物具备美的内涵。因此，不同文化水平的人对于同一个自然存在物，可能会具有完全不同的美的认知和感受。另外，旅游活动实质是文化活动。文化属性是旅游资源具备吸引力的关键因素，正是由于旅游资源具备文化价值，才使旅游资源具备更强的魅力和吸引力。旅游资源的文化内涵十分丰富，旅游资源能够满足人们对美好事物欣赏的需求，使人在观赏过程中增长见识、丰富知识储备；满足人们休闲娱乐、身心放松的需求，提供挖掘潜能、好奇探索的途径；既可以从历史遗存、古代建筑中对古老文化进行探索和追寻，也可以从平凡生活中的点点滴滴中体验民风民俗。因此，旅游资源具备开发智力、陶冶情操、启迪心灵的重要作用。

旅游资源的重要价值在于能够满足游客的心理需要。由于不同游客所生活的背景和环境不同，所具备的道德规范、宗教信仰、风俗习惯、价值观念也存在差异，在旅游中想获得的内容也会受不同文化因素的影响，进而使得游客对旅游资源价值的评价和判断也会存在区别。受文化特殊性的影响，不同的民族在对同一旅游资源进行价值评价和判断时可能会存在较为明显的差异。一种社会现象或自然存在能否成为旅游资源会受民族文化差异的影响。旅游资源与游客所居住的环境、文化背景、生活习俗差异越明显，越具有吸引力，也能越调动游客参观游览的积极性。

文化内涵是旅游资源的灵魂。旅游资源都具有其独一无二的文化内涵。实践表明，旅游资源既有强健体魄、增长知识、丰富精神生活的重要功能，又有推动文化交流融合、促进经济发展的重要价值。任何一个旅游资源，其本身是天然存在物，并非为了发展旅游业而存在，只有人们在了解和认知它的过程中发现了旅游资源存在的美，才会去欣赏和游览，投资者或当地政府发现有投资价值，才会进行开发和利用，进一步挖掘其文化内涵并使其成为重要的旅游目的地。在挖掘旅游资源的文化内涵时，往往从三个方面入手：首先，是科学性。旅游资源是形态结构各异、客观存在的物质实体，因此也必然是科学实体。从最初存在的科学性到演变过程，再到现存状态，整个过程是其科学性的重要体现。内容主要包含发展的科学性、发生的科学性、不同学科种类保留的科学性、用材的科学性、设计的科学性和时代的科学性。其次，是审美性。从美学角度对其形态美进行充分挖掘，形态美主要体现在和谐美和自然美，这也是自然资源对游客能够产生强大吸引力的出发点和落脚点。旅游目的地的开发者应当具备从多角度对自然资源进行欣赏的能力，充分发挥想象力，发现其所具有的美学特征。最后，生物资源的研究。从考察生物资源的生存方式、特征、种类等方面开展研究。对人文旅游资源文化内涵的挖掘应从以下三方面着手：第一，历史性。人文旅游资源是历史的有效见证，要从最早的记载开始对其进行考察，了解该旅游资源在不同历史时期的具体发展情况，特别是发生在这一地区的重要历史人物、历史事件，充分研究和凸显其史学价值。第二，艺术性。从其存在现状对其艺术特征进行研究，包括建筑艺术、雕塑艺术、绘画艺术、书法艺术等。第三，社会影响力和文化精神。以其文化精神作为重要切入点，探索研究其文化精神给周边居民带来的潜移默化的影响，从而提炼出文化精髓。

文化资源是旅游的核心因素。文化所具有的吸引力和魅力是决定旅游潜力大小的重要因素。现存的旅游资源种类非常丰富，但品质却有高低，决定其品质的重要因素则是文化。拥有了文化的旅游资源，必然会具备较强的吸引力和魅力。想要在旅游资源中充分彰显文化特色，需要加强对文化的了解，把握文化的特质和内核所在，以大众方式、现代形式进行表达和诠释。缺乏文化的支持，旅游将失去活力和生命力，也很难实现可持续发展。文化是对自然资源的升华和辉映，文化也能使自然资源具备灵气和生机。从旅游业发展来看，文化资源已经成为第一资源，凡是旅游业发展相对较好、具备较强竞争力的地区，无不是具备较强文化魅力和文化品格的地区。

从文化和人文旅游资源的关系来看，人文旅游资源是由文化孕育的，同时也包含着文化，对人文旅游资源进行建设和开发，首要需要对文化进行有效解读。

人文旅游资源在一定程度上隶属于文化，大部分文化资源只需要通过简单开发就能形成具备较强魅力和吸引力的旅游产品。人文旅游资源大都具备较为丰富的文化内涵，游客需要用心去感悟、欣赏，旅游开发商、规划师想要对其进行正确利用和开发，就必须具备一定的文化素养。从文化和自然旅游资源的关系来看，壮丽河山孕育着丰富的文化，而文化也交相辉映着美好的山河，两者相互促进、相辅相成。有些自然旅游资源虽然本身不具备一定的历史文化色彩或文化属性，但观赏其自然美需要借助科学知识进行有效解读，也需要从文化层面进行剖析，且想要将优美的山水景色转化为旅游产品，势必需要通过旅游开发者以文化手段来有效践行。因此，从某种意义上而言，自然旅游资源也具有一定的文化属性，与文化之间的关系是密不可分的。

（二）对文化的追求是旅游主体的出发点与归宿

旅游主体进行旅游的目的是健身、养生、放松、休闲、审美、求知。按照马斯洛的需要层次理论，这些需要都属于较高层次的自我实现需要。游客对充满着异国他乡情调的田园风光、城市文明、民俗风情都有着较强的好奇心和期待，这也是求异心理的重要表现。人们希望在雄奇俊美的山岳风光中获得视觉审美需求，在波澜壮阔的江河中获得心灵熏陶，这是审美意识的律动和唤醒；人们希望能够在自然中获得更多灵感和智慧，这是启智、求知需求的重要体现；人们希望通过旅游能够暂时规避烦恼，获得心灵放松，通过民俗活动获得愉悦、洗去垢尘，通过和旅游伙伴之间的和谐相处能够忘却尔虞我诈，获得心灵的宁静和慰藉，这是人们本能的重要体现；人们希望通过跋山涉水来回归自然、强健体魄、消除疲劳、释放压力，这是养生需求的重要体现。想要满足人们的以上需求，势必需要文化的有效参与，同时也是文化重要性的体现。

旅游是一种文化现象。总体说来，对文化的追求是旅游主体的出发点和归宿，表现在以下几个方面。

1. 文化是旅游的核心吸引物

各种文化因素不同程度地发挥着旅游动机刺激源的作用，成为游客决策的核心吸引物。例如，各民族文化、地缘文化被人们视为旅游活动中期待了解的对象。

2. 文化提供了规范游客行为的基础

应当明白，旅游行为也要受一般社会生活规则的约束。观念体系对于人们所选择的旅游方式、所追求的旅游内容都有一定的约束。无形间，社会意识会使旅游成为文化层次相对较高的短期生活方式，也可以说，对文化的追求会成为较高品味游客的旅游选择。

3. 文化需求是旅游的根本动因

旅游过程实质上是对文化的享受和体验。旅游过程中必然会有物质需求，但更为重要和更为突出的是精神文化需求。旅游服务和旅游产品能否更好地彰显文化内涵决定了旅游业内容的品质层次，也决定了旅游业的发展前景。想要有效提高旅游业自身的竞争能力和所处层次势必要走内涵式发展道路，不断提高旅游产品和旅游内容中所蕴含的文化属性。旅游的文化品位体现在方方面面，体现在娱、购、游、行、住、食各个环节。在旅游过程中，游客能够游览名山大川、参观历史古迹、感受风土人情，时时刻刻都在感受文化的魅力，吸收文化的营养。游客们在北京看故宫、登长城实际就是在体会北京这座历史文化悠久的城市所彰显的中华文化底蕴；游客在海南领略椰岛风光，感受最深的无疑是独一无二的民俗风情和人与自然和谐统一的心灵感悟。游客在旅游中的最大动机是获得精神的愉悦和审美情绪的满足。旅游是高品位、综合性的文化活动，其所具有的文化意义和价值是毋庸置疑的。

（三）文化是旅游业兴旺发达的源泉

缺乏文化的产业必然是缺乏生机和活力的产业，也是没有灵魂的产业，势必会被市场和时代淘汰。旅游产业也是如此，具有丰富文化底蕴和内涵的旅游产业内部能够提高凝聚力和向心力，外部能够提高魅力和吸引力。

文化和人们的精神生活、物质生活有着非常紧密的联系，文化的核心是人们在适应和改造自然过程中所形成的行为模式和思维模式，行为模式囊括在人们创造的物质形态和人的行为中，是可见的；思维模式则是囊括在价值、知识、观念信仰中，是无形的，只有在具体的行动中才能得到彰显，对文化的研究往往是从可见的行为中开始的，通过行为深入剖析所蕴含的价值观念。

文化渗透在人们活动的各个层面和领域，旅游是休闲方式和活动方式的一种。在参与旅游的过程中，游客可以暂时免受世俗礼仪的约束，在新的文化关系中投入和享受，即旅游文化是囊括在旅游活动中的精神和物质活动成果的总和，是可参与、可观赏的，能够让参与者和观赏者深刻感知和感悟文化，具有强烈的选择性和展示性，蕴含着丰富的艺术特色。旅游的实质是精神文化活动，是能够满足游客审美需求的社会文化现象。随着人们经济条件的不断优化，人们对于精神生活的需求越来越多元化，人们不再局限于浅层次的观赏景物，而是追求更高品位的文化需求，从人文景观、自然、文化的契合点上获得更高层次的审美愉悦，探索文化所蕴含的深厚底蕴和丰富内涵。

基于文化对旅游的重要影响和作用，文化旅游产业可以从以下几个方面进行优化。

1．加强了解旅游消费者的文化需求

作为经营者，想要提高旅游产业的竞争力，就必须加强对目标对象即游客的需求了解，明确游客的文化精神特征和文化需求。比如，外国游客来我国旅游，除了想欣赏优美的山河名川、品尝特色美食、了解历史文化，还希望对我国当前的社会经济发展水平有一定的了解和感受，希望了解我国的娱乐、信仰、生活、生产等方面的具体习俗。这就要求经营者必须加强对游客的重视，加强对消费群体的分析，把握其消费心理。

2．进一步调整开发格局

旅游需求消费重心在逐渐转移，由观光型逐渐转向生态型、保健型、文化型，要重点开发有关度假休闲、健康娱乐、生态文化、商务和会务型产品，以及具有较强文化特色和属性的旅游产品。

3．全面加强文化建设

旅游业是涉及娱、购、游、住、行、食六要素的综合性产业，除了要充分挖掘旅游资源所具有的文化内涵，还应当抓好旅游车船公司、旅游宾馆、旅行社等的文化建设。旅游产品除了要具备一定的实用价值，还应当更好地满足游客对于求知、求新、求美的文化功能要求。旅游饭店也应当充分彰显其装潢文化、建筑文化、服务文化、功能文化，注重楼道文化、大堂文化、餐厅文化、卫生间文化和休闲娱乐文化。旅游目的地应当注重营造文化氛围，提高旅游景区的档次和品位。为了更好地进行市场营销，除了要不断提高产品自身所具有的文化内涵，还应当注重培养营销人员，提高营销人员的文化素质，充分彰显当地所具有的文化特征和民族属性，塑造良好的品牌形象。

近年来，经济结构正面临着较为深刻的变化，旅游业也处在大发展、大调整的重要阶段，文化和旅游之间呈现着同生共济、深度融合的重要趋势。文化产业和旅游业之间的联系越来越密切，呈现出极强的协同性，文化因素也在旅游产业中占据着越来越重要的地位。文化品牌和旅游品牌巧妙进行融合，提高了吸引力；文化消费和旅游消费的紧密融合，成为旅游市场进行拓展的重要引擎和动力；文化创新和旅游创新的紧密融合，进一步推动产业转型升级，提高了竞争力；文化产业和旅游产业的紧密融合，成为创造经济收益和社会价值的重要支柱。可以说，旅游和文化的紧密融合正呈现着一体化的发展趋势，也是推动旅游发展方式转变的根本途径和必然要求，更是实现旅游业可持续发展的重要动力。

旅游经营实际是文化经营，旅游企业实际是生产和销售文化的企业，游客的行为实际是对文化进行购买消费和享受的行为，无论是人文旅游资源还是自然旅游资源，想要提高对游客的吸引力，就必须具有独一无二、无法复制的地方和民族文化内涵，满足人们对于史学、科学、艺术、文学、社会学等的具体需求。因此，旅游的文化本质特征势必也要求加强文化建设。

随着人们经济水平的提高和文化素养的提升，文化和旅游结合成为大势所趋且二者的联系越来越紧密。人们选择旅游的目的之一是换一种环境和心情，获得全新的感官刺激。要想满足人们的需求，势必要营造特有的文化氛围，给予游客更强烈的冲击，给其留下深刻印象。文化动机是游客参与旅游活动最基本的旅游动机，但不同的游客所具有的需求是存在差异的。比如，有些游客是为了调理身心、放松紧绷的神经，有些是为了观赏异国他乡的风土人情、大好河山，还有人是为了强身健体等。就其实质而言，游客主要是为了获得精神文化层面的满足。旅游活动隶属于精神文化活动，大部分受过高等教育的游客希望在旅游过程中增长见识，丰富知识储备，获得精神文明和启发。针对这类需求，旅游景区需要加强对历史文化资源的充分挖掘，这是因为名胜古迹历史文化具有较强的科学性、知识性、客观现实性，能够让人有所收获。若只是对自然景观进行相对较为肤浅的阐述，势必不能满足高文化水平游客的心理需求。

（四）文旅交融是旅游业实现经济效益与社会效益的途径

经济效益是指通过劳动和商品的对外交换而获得的社会劳动结余，即用尽可能少的劳动耗费获得尽可能多的经营成果，或以相同的劳动耗费取得更多的经营成果。经济效益是成本支出、资金占用与有用生产成果之间的比较。获得较好的经济效益实际就是占用资金少、成本支出相对较少，获得的有用成果相对较多。对于企业和产业而言，提高经济效益显得尤为重要。社会效益是指通过对有限资源进行充分利用来更好地满足人们的物质文化需求。文化交流在旅游产业中的地位逐渐凸显，彰显了其在现代旅游发展中的强大功能和独特魅力。文旅交融是旅游业实现经济效益和社会效益的重要途径之一。旅游和文化之间的关系十分紧密，文化是旅游的灵魂，文化含量的多少在一定程度上影响着旅游的人文价值、精神价值和品味，是决定旅游业竞争力、影响力、感染力的重要因素，是推动旅游业可持续发展的核心资源。旅游景点往往蕴含着较为多元和丰富的民族民俗文化、革命文化、历史文化等，属于第一资源。旅游活动实际是精神之旅、文化之旅，是对文化进行感知、品味、体验、鉴赏和享受的过程，是增长见识、陶冶情操、愉悦身心、净化心灵、提升境界的重要体验。

旅游是文化的载体，是传承和弘扬文化的有效途径，也是将人们的潜在文化需求转化为现实消费的重要途径，更是弘扬时代精神和民族精神、宣传历史文化知识、加强革命传统教育和爱国主义教育的有效途径，是文化育民、文化乐民、文化惠民、文化富民的有效途径。文化和旅游之间相互依附、相互促进、相辅相成。通过旅游实现寓教于乐、寓教于游，更好地传承中华文化，推动中华文化的发展。缺乏文化这一灵魂和内涵，旅游这一躯壳就失去了精神支撑，即便形式再多元，也会因为缺乏内涵而失去生命力和吸引力，进而被市场和社会所淘汰；缺乏旅游这一载体，文化将失去有效的传播途径和表现形式，也将影响其精神价值的传承和实现，将失去其教育人民、引领风尚、推动发展、服务社会的作用。

文化交流和旅游业的有效结合会迸发出全新的活力和生命力，产生巨大的社会效益和经济效益，也给人们的生活带来了看得见的实惠。其一，有助于将经济社会发展和保护文化遗产紧密结合起来。我国历史悠久，在漫漫历史长河中诞生了丰富多彩的历史文化，留下了璀璨夺目的非物质文化遗产和文物遗迹。这些文化遗产是对悠久历史的见证，也是凝聚中华人民智慧的结晶，更是彰显中华民族精神的有力象征，体现着中华民族所具有的独特创造力和生命力，是人类文明中不可多得的瑰宝。近年来，国家越来越重视加强对文化遗产的保护，加强对历史文化名城名镇名村、重点文物、文化遗产地等的保护，如博物馆免费向公众开放，使更多的文化古迹、文物资源迸发出全新的生机与活力，增强对社会大众的吸引力，也成为旅游业发展的重要动力和宝贵资源。旅游和文化遗产的紧密结合，彰显了旅游目的地所具有的丰富文化内涵，也彰显了旅游目的地的强大吸引力和独特魅力，更催生了丰富多元的衍生产品，推动了服务业的协同发展，进而推动了经济社会发展。实践表明，对于具有潜力的非物质文化遗产，应依托国家政策扶持，加强与旅游业的相互融合，协同开发旅游纪念品，实现旅游市场产业化，这是对非物质文化遗产最有效的保护方式。其二，有助于帮助贫困地区发展经济，脱离贫困，帮助当地居民提高生活水平。部分旅游景区地理位置相对较为偏僻，资源缺乏、交通不便，经济发展十分困难，而通过将旅游和文化紧密结合能够给当地经济发展提供一条新的道路。其三，有助于提升社会整体的文明素养，加快社会主义新农村建设。通过旅游和文化的紧密结合，把精神文明建设纳入景区评级，能够有效督促景区环境卫生、基础设施、服务条件等的优化和改善，营造良好的文化氛围，推动乡村面貌的变化，呈现出社会主义新农村的崭新画卷。其四，有助于加强革命传统教育和爱国主义教育。延安、井冈山、韶山等革命遗址是开展革命传统教育和爱国主义教育的基地，也是旅游产业发展的重要资源。将旅游和革命文化紧密融合所形成的红色旅游，是旅游产业中非常夺目的一笔，也是加强革命传统教育和爱国主义教育的创新措施，通过寓教于游、寓教于乐，能够使人们更好地领悟我党在带领全国各族人民开展革命建设和改革时所体现的开拓进取、艰苦奋斗的精神，让人们更好地弘扬和传承我党留下的宝贵精神财富，帮助革命老区加快经济发展，实现脱贫致富，使红色旅游成为富民工程、文化工程、政治工程、民心工程，发挥经济效益、社会效益和政治效益。其五，有助于加强民族团结，巩固和发展互助和谐、平等团结的民族关系。民族地区所蕴含的旅游资源非常丰富，包含自然风光、民族风情、非物质文化遗产等。旅游和文化的紧密结合，有效促进了各民族之间的沟通和交流，实现了各民族文化之间的沟通和碰撞，拉近了各民族之间的距离，增强了团结力和向心力。由此可见，旅游和文化的紧密结合能够带来不胜枚举的好处，功在当代、利在千秋。

当前，经济发展方式转变的步伐逐渐加快，以旅游业为代表的服务业正迸发出活力，并获得持续发展，人们的文化旅游消费潜力也逐渐迸发。相关部门应加强对旅游和文化紧密结合所带来的重大意义的宣传，加强对红色文化、历史文化、民族民俗文化等的传播，大力支持、推动旅游文化产业的发展，培育新的发展业态，打造旅游文化品牌，推动旅游文化产业进入新的发展阶段，为转变经济发展方式、满足精神文化需求奠定良好基础。

（五）多方努力，推动旅游文化产业繁荣发展

1. 完善发展旅游文化产业的相关政策

旅游业是公认的带动力强、关联度高、辐射范围广的绿色产业，旅游消费是综合性、多层次、可持续的最终消费。当前国家之间综合国力的竞争不仅囊括科技和经济实力的竞争，还囊括民族精神和文化实力的竞争。因此，只有加强对文化产业的发展才能更好凸显我国所具有的文化优势，在国际竞争中占据优势地位，保护国家文化安全，捍卫国家利益，提升综合国力。

发达国家发展旅游文化产业的具体实践表明，在旅游产业发展过程中，政府支持是非常重要的因素，缺乏政府支持，旅游行业将难以达到繁荣的程度。加之

旅游文化产业本身的特殊性，能够满足人们的精神文化需求，成为人们的精神食粮，因此，在发展旅游文化产业时必须秉持市场运作和政府主导相结合的基本准则，加大行业监管、规划调控、政策引导，同时还要充分发挥市场在资源配置中的作用，积极引入社会力量，共同推动旅游文化产业的发展。

2. 激发与扩大旅游文化消费需求

新中国成立以来，特别是实施改革开放以来，生产力得到了提高，国家的经济实力也得到了增强，创造了越来越多的社会财富，这也为旅游行业的发展奠定了良好基础，进一步调动了人们对于文化的追求。

随着我国社会不断发展，人们的观念不断革新，党和政府坚持以人为本，实施惠民政策，人们的受教育程度不断提升，进而使生活方式发生改变，生活方式的变化又使得旅游形势逐渐多元化。随着生活观念和物质生活水平的提高，休闲娱乐已经成为人们生活中非常重要的部分。休闲是一种文化现象，是指人们在繁忙的工作中进行自我调节的途径，是在闲暇时期的娱乐和休息活动。由此也形成了休闲文化，不仅对人们的生活方式进行了优化和调节，也改变了人们对于自然和生命的态度，这就调动了人们参与休闲旅游的积极性。

我国政治环境相对稳定，艺术创作十分繁荣，优秀作品层出不穷，为旅游文化产业的发展提供了充分必要条件。在稳定的文化和政治背景下，人们的传统生活方式自然而然进行了改变，旅游需求不断增多，参与旅游的群体不断壮大，使旅游行业迎来了发展新气象。目前我国的休假制度也为旅游文化产业的发展提供了有力的制度保障人们可以。利用休假，暂时从繁忙的工作中脱离出来，放松身心、缓解压力、陪伴家人，很多国家也采取了相同的方法，即实施带薪休假、缩短工时。

因此，必须加强对主客观要素的了解和分析，不断激发游客内在的消费需求，特别是要了解其文化精神特征和文化需求，不断刺激其产生旅游动机。

3. 研究和开发民俗文化以推动民族文化旅游产业发展

我国有五十六个民族，每个民族都有自己的风俗文化、生活习惯、宗教信仰。由于城市生活节奏非常快，面临的竞争压力很大，很多人都想要短暂逃离工作，放松身心，回归自然。很多外国游客也喜欢来我国欣赏优秀的历史文化、秀美的山川名胜，品尝美味的佳肴，还希望了解我国的社会、经济、文化发展情况，了解各民族的信仰生活生产娱乐等习俗。而民族文化旅游能够让游客亲自到民族聚集区，真正感受民族歌舞、民俗文化、饮食风味、民居建筑，还可以购买装饰品、民族用品，满足游客求乐、求知、求心、审美、怀旧等需求，既能够彰显我国蕴含的丰富多彩的民族文化，又能够带来非常可观的经济收益，实现民族旅游经济和民族文化的互动，进而发展潜力巨大的民族旅游文化经济。

第二节 文旅融合发展现状与态势分析

我国五千多年的文明史孕育了底蕴深厚的中华文化，幅员辽阔、地形复杂、气候多样造就了异彩纷呈的自然和人文景观，这些都为文化和旅游的发展提供了丰富的资源基础。改革开放以来，我国文旅融合的历史进程与波澜壮阔的现代化进程同步，经历了探索期（1978—1992 年）、成长期（1992—2011 年）、快速发展期（2011—2017 年）、全面发展期（2017 年至今）四个阶段[①]。近年来随着经济发展，人们的精神文化需求不断增长，政府职能整合以及行业加速发展，文旅融合呈现出由表及里、不断深入的活跃发展态势。在粤港澳大湾区、“一带一路”建设、京津冀协同发展、长江三角洲区域一体化发展、长江经济带发展、黄河流域生态保护和高质量发展、推进海南全面深化改革开放的国家七大区域发展战略中，文旅融合都被作为其中一项重点发展任务。同时各地政府也在积极探索和谋划文化旅游融合发展大局，不少地方出台与发布了当地的文旅融合发展实施意见，多地都出台了《关于促进文化与旅游融合发展的实施意见》等政策文件，为文旅融合发展创造了重大机遇，也提出了更高要求，新时代下文旅融合呈现出以下发展态势。

一、文化深度体验成为旅游产业发展的新亮点

现代旅游已经从传统“看山看水看风景”的观光游向以文化为主题导向的“文化深度游”“休闲体验游”转变。文化性作为旅游产业的核心特质之一，体现在旅游活动的各个方面。受益于我国经济转型以及消费升级，旅游人群对旅游内容要求日益增高，国民旅游诉求从求量到注重旅游产品和服务质量、追求旅游品质及体验深度转变，从追求单一的观光产品转变为追求多样化的复合型休闲度假旅游产品，深度参与并充分感受目的地文化内涵的旅游方式，正成为一种新时尚。

① 把多勋．改革开放 40 年：中国文化旅游融合发展的价值与趋势 [J]. 甘肃社会科学，2018 (5)：10—20.

二、新型企业组织结构的不断演进

在文化和旅游融合发展热潮中，原有的文化企业和旅游企业逐渐整合新型部门和业态，形成了跨产业的企业组织。相关企业开始多角化经营，创新了组织管理方式，使企业更具活力。例如，旅行社发挥其资源整合优势，形成集会议组织、旅游咨询、景区管理、展览策划、节事举办于一身的新型企业，涌现出了诸如华侨城、融创文旅等一批优秀文旅企业。

三、新兴产业集群逐步出现

文化和旅游融合催生了新产业集群，旅游产业和文化功能的紧密结合形成了新的文化休闲旅游综合体，使文化产业和旅游产业竞争力得到了提高。例如，杭州西溪天堂国际旅游综合体、“大美丽洲”良渚文化旅游综合体，以及西安曲江文化旅游新区等，不但提升了文化活动和传统旅游产品的整体质量，还推动了城市旅游经济的发展。

四、数字科技推动文旅智能发展

近年来，虚拟现实、云计算、物联网、人工智能等新技术的发展为文旅融合带来了新的机遇，广泛应用于文物展陈、舞台表演、线上营销、活动体验等各个方面，促进了文化旅游在产品形式、组织形态、发展渠道以及生态环境的重大变革，市场上出现了许多科技与文旅融合的典型案例产品。例如，圆明园将虚拟现实（AR）、增强现实（VR）技术应用于文物展陈和宣传，数字复原技术让圆明园盛景“还原重现”；故宫创立博物馆文创品牌，还推出了掌上故宫、故宫展览等多款手机 App，开发了“皇帝的一天”“韩熙载夜宴图”等互动游戏；旅游演艺成为新旅行方式，《长恨歌》《最忆是杭州》等演艺作品受到大众欢迎；国内数字文旅实践表现出前所未有的蓬勃发展态势。

五、文旅融合空间分布逐渐拓展

从空间视角来看，由于资源禀赋、发展环境和国家及地区经济发展战略的影响，目前我国各地的文旅融合也有发展不平衡的地区差异特征，我国东部沿海地区拥有市场、人才集聚优势，旅游与文化产业融合发展较快、新兴业态丰富，尤其以江浙地区为代表，形成了带动全国文旅产业融合发展的重要增长极，涌现出了北京环球影城、上海迪士尼、横店影视城、无锡拈花湾、乌镇戏剧节等众多文旅融合的标杆项目与产品。而中西部地区由于经济欠发达、基础设施薄弱等问题，当前文化旅游产业发展水平相对较低，但其拥有悠久的历史文化、少数民族文化等丰富的旅游和文化资源条件，是未来产业融合发展的重要区域。许多地方目前也在不断发力。例如，陕西的大唐不夜城、袁家村、秦始皇陵博物院等文旅产品异彩纷呈，致力于创造文旅融合发展的陕西模式；甘肃敦煌推出《又见敦煌》演艺作品、夜间研学游等诸多场景体验产品，成为地区文旅融合优秀代表。

第三节　文旅融合的相关概念

一、文化旅游

文化旅游的概念众说纷纭，主要有以下几种观点。

第一，所有旅游都是文化旅游。该观点认为旅游和文化是相互依存、密不可分的，旅游是文化的载体，文化则是旅游的灵魂，任何旅游活动实际都伴随着文化，而文化的诞生也能够吸引更多游客进行参观旅游，因此，旅游和文化很难区别开来，文化旅游和旅游实属于同一概念。

第二，活动说。部分学者认为文化旅游是比较特殊的一类活动，可以体验或获得文化信息。文化旅游实际是将旅游文化作为最终消费产品，是游客通过自己的历史知识和艺术鉴赏水平来对旅游中所蕴含的文化（包括园艺文化、宗教文化、历史文化、民俗文化、饮食文化、建筑文化等）进行感知，获得精神满足的行为。

第三，产品说。这一观点认为文化旅游是较为特殊的旅游产品，所谓产品是指经营者向游客提供的便于考察、学习当地民俗文化的旅游活动，如历史文化旅游、民俗文化旅游。

第四，意识说。这一观点认为文化旅游是经营者在对产品进行设计时的创新思维，反映的是经营者的观念意识，同时也是经营者从事旅游活动的有效途径和方法。

二、旅游文化

旅游文化与文化旅游概念长期被混淆，但旅游活动和游客是旅游文化的核心这一观点是一致的。

部分学者对文化旅游与旅游文化的内涵加以辨析。马波首次在《现代旅游文化学》中明确指出："旅游文化与文化旅游是两个截然不同的概念，不能混淆，旅游文化属于文化的范畴，是文化的一个门类。文化旅游属于旅游的范畴，是旅游的一种类型。"[①] 徐菊凤则进一步指出了两者研究重点的区别，认为旅游文化研究广义层面上关注的重心是旅游活动的基础理论（如旅游活动的属性、特征、影响等问题），狭义层面上关注旅游业和旅游活动中的文化；而文化旅游研究的重心则是旅游活动的对象物——旅游产品的开发和经营管理问题，以及文化旅游活动的特点、管理体制、文化旅游市场的需求特征问题等。[②]

三、文化旅游产业

旅游产业是一种以旅游活动为核心的综合产业，一般由旅游市场、旅游产品和旅游服务三部分组成；文化产业是以满足人们的文化需要为目标，以生产和提供精神产品为主要活动的产业。二者同属第三产业，都为人们提供精神消费服务，因共同具有经济、文化双重属性的本质特征而有着天然的耦合关系。

国内学者对文化旅游产业的定义进行了多方探讨，当前主流观点主要有三种，其中，基于结合角度定义的第三种观点较之其他两种要更加深刻、深入，但并未深入剖析两者的结合关系是什么（见表 1-3-1）。

表 1-3-1　国内关于文化旅游产业的概念探讨

序号	类别	观点	概念内涵
1	基于包含关系	文化旅游产业是文化产业的分支	文化旅游产业是以历史文化景观、自然景观为重要核心，带动交通、旅游、娱乐、饮食等商业活动配套发展的重要文化产业群
		文化旅游产业是旅游产业的分支	文化旅游产业是指基于人文旅游资源规划、开发的旅游产业，能满足游客的文化旅游消费需求

① 马波．现代旅游文化学[M]. 青岛：青岛出版社，1998.

② 徐菊凤．旅游文化与文化旅游：理论与实践的若干问题[J]. 旅游学刊，2005（4）：67—72.

续表

序号	类别	观点	概念内涵
2	基于构成要素角度	文化旅游是旅游产业与文化产业两大产业要素的组合	文化旅游产业是以旅游为依托、以文化为内容的综合性产业
3	基于结合角度	文化旅游产业是旅游产业和文化产业结合而成的新的产业业态	文化旅游产业是旅游产业和文化产业融合产生的产业，并非隶属于其中一个产业，兼具旅游产业、文化产业的属性和特征

四、文旅融合

在理解文化旅游产业概念的基础上进一步探讨文化和旅游融合的概念。将文化的旅游性与旅游的文化性统一是文旅融合的实质。文旅融合将实现旅游和文化的经济、社会以及其他效益的提高，进而促进二者的可持续发展。迄今学术界对文旅融合这一概念的界定仍相对模糊，并未达成共识，目前主要从产业融合的角度出发进行研究。

胡金星认为产业系统开放性是产业融合形成的首要条件，是远离平衡态和不同产业要素之间非线性相互作用下的自组织过程，只有满足以上要素要求，才能真正做到产业融合。① 文旅融合指的是在市场需求、技术进步和创意引领等内外因素共同作用下，打破原有的两个产业之间的边界，在价值链的解构和重构中实现资源、技术、市场、服务融合和渗透的过程，逐步形成新的产品形式或新业态，所以文旅产业既不属于旅游产业也不属于文化产业。

此外，文旅融合是一种以传统旅游业为基础的新型“旅游 +”产业模式，具体表现为文化资源与文化空间的旅游化利用。

五、文旅融合新业态

文化、旅游两大产业融合背景下产生了更多的新业态、新产品，衍生出了博物馆旅游、文化创意旅游、体育文化旅游、生态文化旅游、冰雪文化旅游等诸多业态。近年来文旅融合新业态的相关研究不断增多，学者大多就某一种新业态研究其发展模式和发展策略等。

① 胡金星．浅析产业融合产生的前提条件[J]. 中国科技产业，2008（4）：81–82.

业态一词最早来源于日本零售业，我国在20世纪80年代引入该词，并逐渐在各个产业内推广使用，目前国内学者对业态的普遍认识是为满足不同的消费需求进行相应的要素组合而形成的不同经营形态。从2000年开始，国内学者分别从产业的角度进行了旅游新业态、文化新业态的相关研究，其中旅游新业态研究居多，研究对其概念、特征、类型、发展模式等进行了探索。

关于文化、旅游新业态的概念，国内目前还没有统一的定义。杨玲玲、魏小安提出旅游新业态是对传统模式下单一的观光欣赏模式的突破，使主体产业有了新发展，具有成长的可持续性，形成了相当规模、具有稳定发展态势的业态模式①。文化产业新业态是相对于传统产业而言的，一般认为，文化产业新业态是随着数字技术、网络技术和通信技术对传统文化产业的介入和融合随之产生的一些新兴文化业态。文旅融合新业态则指的是在市场需求、技术进步和创意引领等内外因素共同作用下，文化和旅游产业打破原有的两个产业之间的边界，在价值链的解构和重构中逐步形成，并在组织管理方式、产品形态、经营形态等方面有所突破和创新的业态模式。

根据不同文化类型、空间和旅游的融合形式可将目前文旅融合新业态的产品类型分为以下几种。从类型来看，主要体现为生态文化、影视文化、体育文化、历史文化、乡村文化、工业文化等和旅游的融合；从文旅融合新业态表现形式来看，大到历史文化名城、名镇、名村，小到文化文物单位、景区景点、主题公园、园区街区、消费空间、文化产品等。文化旅游节庆和文化旅游演艺因其显著的集聚效应，逐渐成为旅游目的地文旅融合的重点。但在具体实践中，文旅融合通常是多种文化、多种表现形式的叠加融合。可以看出文旅融合新业态的突出特点为，高新技术是支撑，文化创意是关键，参与体验是根本。

第四节　文旅融合发展的意义

一、促进旅游产业转型升级

随着现代经济的发展，经济的增长越来越依赖单位要素产出效率的提高，而

① 杨玲玲，魏小安．旅游新业态的“新”意探析[J]. 资源与产业，2009，11（6）：135-138.

不是要素投入量的增加，经济增长方式逐渐由粗放型向集约型转变。旅游经济增长方式是指通过旅游生产要素投入的变化（包括生产要素的数量增加、质量改善和组合优化）来实现旅游总产出数量增加的方式，强调旅游生产力的提高和发展。在旅游市场不断成熟、旅游需求不断变化、旅游市场竞争日益激烈的发展背景下，旅游产业也亟待摆脱只追求数量与规模的粗放型增长模式。

旅游产业与文化产业的融合，意味着两个产业在技术、产品、企业、市场等方面将发生一系列的融合，融合过程是多层面的产业创新过程。与文化产业的融合将促使旅游产业形成新业态、新产品，在满足游客多元化需求的同时使旅游产业与文化产业焕发新活力。旅游业态是指经营者或旅游企业为了更好地贴合市场需要，对旅游要素进行包装和组合，形成的包含组织形式、经营形式、产品形式在内的一种形态。在旅游业态中，组织形式是其有效支撑，经营形式是其重要核心，产品形式是其重要表现，旅游产业除了传统的餐饮、交通、住宿、景区、旅行社等企业，还吸纳了文娱体育、创意设计、工艺美术等文化产业内的行业组织，使得旅游产业内的行业结构更加多元、合理。同时，旅游产品在形式上更加多元化，传统的观光旅游产品不断升级为具有文化特征的康体、休闲、度假、健身等的旅游产品，旅游产品在其内容上包含多种文化元素，如娱具备文化特征，游具备文化内涵，行具备文化品位，住具备文化理念，食具备文化寓意。与文化产业融合后的旅游新业态将丰富旅游产品和服务的类型，使旅游产业更有活力更加文明更具特色，旅游产品的文化广度和深度得到增强，衍生出更多具有文化功能的旅游产品，有利于旅游产业由传统观光游览层次向专向高层次发展，从而更好地满足游客高层次、深内涵的文化消费需求。

在旅游产业和文化产业相互融合的过程中，劳动力、技术资本等要素在文化产业和旅游产业中共享，资源配置效率得到提升，流动范围扩大。同时，旅游产业还能将文化产业中所涉及的部分软性要素如文化创意、文化资源等进行利用和吸取。在经济、文化一体化发展背景下，文化成为推动旅游经济增长方式转变的重要因素，文化创意的运用能够将新点子、新想法注入原有的旅游资源、旅游产品开发中，能更加有效地利用、开发文化资源，并将各种自然的、人文的、有形的和无形的资源转化为旅游产业发展的资本，促进经济资本、文化资本和社会资本的相互转化，从而使旅游产业实现更高层次的发展。同时，文化具有丰富的内涵与开阔的外延，文化产业的辐射效应与渗透效应，为与之融合发展的旅游产业升级提供外部推力，使得旅游产业本身发展的内生动力增加，进而使旅游产业拥有更广阔的发展空间，在广度与深度上更进一步向前发展。在与文化产业融合过程中，旅游产业结构将得到优化升级，旅游经济增长方式将逐渐朝内生型、文化型、创新型转变，旅游产业系统也将不断优化和升级。因此，旅游产业与文化产业的融合将促进旅游经济的持续繁荣，保证旅游经济的高质量、可持续发展。

二、推动文化产业的快速发展

文化产业是一种特殊的经济形态和文化形态。旅游是承载文化的重要载体，为文化传播和交流奠定良好的基础，是文化借以发展、生存、重生的重要途径，也能助推文化产业的快速繁荣。在与旅游产业的紧密融合中，随着文化市场和整体市场需求的变化，文化产业将朝着更满足大众需求、贴合时代发展步调的道路飞速发展，从而更好地实现文化产业的文化服务功能。

新颖性是新兴文化产业发展的关键所在，在文化产业和旅游产业的融合中，文化内容既影响旅游产品质量，也决定文化产品品质，以文化旅游为例，来自不同地域的游客拥有不同的甚至截然相反的文化背景，致使其在旅游过程中对文化内容及表现形式要求各异，最终使得文化旅游不断接受刺激，发展新内容，挖掘新形式。

文化产业与旅游产业融合发展，一方面有助于加强对传统文化的传承和保护，另一方面也能帮助新兴文化产业持续发展。文化产业在发展过程中更注重突出原创性，而原创的重要源泉是传统文化，传统文化资源是推动旅游产业发展的精华内容和宝贵资源，通过旅游开发所形成的文化产品可以较好地反映新时代的价值理念和精神风貌，为传统文化提供新的发展方向。

游客的需求是动态的、多样的，游客在旅游过程中对文化的需求不是一成不变、完全相同的，而是多种多样、层出不穷的。文化产业作为一种特殊的文化形态，其所包括的文化资源作为旅游开发与保护的重点，在与旅游产业融合发展过程中更易被开发成具有文化内涵的旅游产品。这些产品包括物质形态产品，如博物馆、纪念馆等公共服务设施建设，陶瓷、木雕等旅游工艺美术品，特色美食、服饰等旅游商品；包含精神形态产品，如少数民族歌舞表演、景区实景演出、会展、少数民族传统节日节庆，以及非物质文化遗产等。文化产品种类在旅游产业和文化产业的紧密融合中不断创新和增多，文化产品内涵也逐渐丰富。同时，文化产业资源在这一过程中也得到了较好的传承保护和开发。

文化产业是一种较为特殊的经济形态，市场化是帮助文化产业实现创新发展的关键所在，旅游产业朝着市场化发展能够为其提供更强的吸引力。旅游市场所造就的经济效益也能成为文化产业保护发展的经济支持，企业文化产业能够更贴合市场发展需要，生产出更高质量和更高价值的产品，进而提高文化产业的质量水平。质量和数量的双重发展能使文化产业呈现出蓬勃向上的精神面貌，获得更快的发展和繁荣。

三、繁荣文化事业

文化事业是提供公共文化服务和产品的公益性文化部门，主体是事业性文化单位；而文化产业则是从事文化产品的营销、生产、研发及提供服务的行业，主体是文化企业法人代表。文化事业与文化产业虽然主体不同，但两者的生产对象都以文化为核心，其本质都是生产精神文化，两者是相互依赖、相互渗透、相互转化的关系。在市场经济条件下，仅依靠政府的支撑实现文化事业大繁荣非常困难。同时，在满足人民群众多样化、多层次、多方面精神文化需求方面，文化事业因受财力、物力、人力等局限很难统筹兼顾。文化产业和旅游产业的紧密融合是相互交叉、相互渗透而形成的新产业价值链或新产业的动态过程，在这一过程和阶段中所形成的经济效应和社会效应能促使我国传统文化与新兴文化不断更新，形成良性循环机制，并在文化旅游发展中潜移默化地成为一种生产力，有助于消除地区差异，最终达到文化产业的繁荣兴盛和文化强国的目的。

我国历史悠久，文化底蕴深厚，形成了丰富、厚重且珍贵的文化资源宝库。随着我国文化体制的改革，宝库中的一些文化资源得到开发，但部分极具社会价值与经济价值的文化资源仍是“藏在深处的瑰宝”，处于待开发状态。旅游产业与文化产业的融合可以提高文化资源利用效率，历史文化资源能够得到保护和充分利用，从而提高旅游产品、文化产品的丰富性和多元性，促进文化事业的繁荣。

旅游产业与文化产业的融合能使富含历史文化内涵的遗址遗物、充满民族特色的工艺和美食、承载教育传播意义的博物馆等得到新的支撑力量和新的发展动力，进而促进文化事业的欣欣向荣。同时，在旅游产业与文化产业的融合发展过程中，服饰、饮食、工艺美术、宗教民俗等传统文化，可以通过旅游节庆、旅游博览会等各种旅游平台得到展示和挖掘利用，逐渐形成文化保护、开发、传承、弘扬的良性循环，在这个循环过程中，旅游产业与文化产业融合发展将产生良好的溢出效应和引致效应，使得文化成为社会进步发展的生产力，不断创造经济价值和社会价值，从而为繁荣社会主义文化提供良好的发展保障机制。

旅游产业与文化产业融合发展能够促进我国农村文化事业的发展，缩小城乡文化事业发展差距。我国很多尚未开发的特色文化资源处于地理环境偏僻、交通不便的农村地区，近年来蓬勃发展的乡村旅游、少数民族风情旅游正是以广大农村地区为旅游目的地。在旅游产业与文化产业的融合发展过程中，旅游成为城乡文化交流和传播的重要途径，乡村地区以其良好的环境、原生态的文化风貌、独特的民俗风情吸引了城市游客到来，同时城市文化也以其鲜明的现代化、市场化等特征影响着乡村文化。在这一过程中，一方面振兴了乡村文化，另一方面使乡村文化出现了同化、商品化现象[①]。但从长期来看，旅游产业与文化产业的融合可以保护、传承乡村文化，促进优秀乡村文化的建设，在提高农村居民收入水平的同时，促进农村居民文化素质的提升，进而推动乡村文化事业实现繁荣发展。

① 石群．中国乡村旅游的文化内涵建设探析：基于“涵化”理论[J].旅游论坛，2011，4（5）：89—92.

第二章　文旅融合发展概述

本章为文旅融合发展概述，主要包括三节内容，分别是文旅融合发展的动力和机制、文旅融合发展的动因与障碍、文旅融合发展的手段与模式。

第一节　文旅融合发展的动力和机制

一、文旅融合发展的动力

（一）文旅融合发展的内在动力

旅游产业能否实现融合发展，关键在于旅游需求的多变性和旅游资源观的转变以及旅游文化企业之间的竞争与合作。

1. 旅游需求的多变性

目前我国生产力水平、人们生活水平以及国家的综合实力在不断提高，与此同时，人们的旅游需求也从物质层面逐渐转向精神层面。因此，为进一步满足人们的旅游需求，需要从多方面考虑，主要包含心理和精神两个方面。而人们旅游需求多样化的原因，一方面是旅游市场配套设施不断改进，大多数人在旅游体验的深度和广度上不断拓展；另一方面是信息时代下逐渐发展出了新的旅游消费特征。

改革开放以来，我国旅游进入快速发展阶段，旅游产品层出不穷，大多数游客表现出了对旅游高端产品的喜爱。例如，携程网的“鸿鹄逸游”以小众、高端旅游产品为主，并且目前在国内的发展已初具规模。这样的产品对比国内其他的大众产品有更多层级消费的选择，游客可以根据自己的消费水平及喜好选择不同结构的旅游产品。小众市场的发展所带来的不同结构等级产品的消费现象标志着我国旅游市场逐渐走向成熟。游客的旅游需求具有个性化、多样化、小批量等特征，而经验丰富的游客对旅游体验的需求更高，导致各大旅游企业为了占据旅游市场，获取更多游客的认可，在旅游产品、设计创意和技术服务等方面进行改革创新，从内到外整合旅游要素，融合文化产业，改变产业结构，形成集旅游、文化为一体的产业发展模式，进而满足游客的多样化需求。

打造旅游产业与文化产业为一体的发展模式，一方面需要定位市场环境变化，另一方面还需要关注游客的旅游需求变化。第一，大多数游客倾向于选择生态环境良好的场所作为旅游度假目的地；第二，越来越多的游客在旅游度假过程中对环境氛围的需求较高，希望能在旅游中获得情感方面的交流；第三，有部分游客对文化气息浓厚的旅游场所表达出较多的喜爱，希望通过旅游可以了解到更多的人类文明与文化传统，进而丰富人生阅历。随着人们旅游消费需求的升级与改变，人们对文化的渴望逐渐占据主要地位，这也是推动旅游产业和文化产业充分融合的关键。

通过分析游客旅游需求的三大主要变化，可以明确五点：第一，个性化需求。旅游市场应尽量避免同质化现象，充分发展个性化特征以在旅游市场占据一席之地。第二，休闲化特征。游客在旅游过程中更希望以自由闲散的状态完成旅游体验的整个过程。第三，体验化特征。通过体验活动，让游客与大自然进行深度沟通。第四，健康化特征。让游客意识到旅游是一种健康出行的行为模式，通过旅游可以促进文明健康行为的发生。第五，自主性特征，又称自助性特征。在旅游中主要表现为“我可以”“我能”等，即游客自主完成旅游的整个过程。上述五点是目前旅游市场需求的五大特征。从文旅融合的角度来讲，我们不仅需要充分关注旅游市场需求的变化，更要从市场需求变化的角度出发，设计出适应市场、满足游客需求的旅游文化产品，这是目前国内各大旅游企业和旅游文化管理部门应该密切关注的地方。

2.旅游资源观的转变

旅游产品的设计需要以多种旅游资源为基础，而传统的旅游资源大致分为自然风光型、历史人文型和社会经济型。这些资源都对游客具有一定吸引力，可以创造旅游资源价值。但随着物质生活水平的提高，人们在消费层面的需求逐渐升级，开始转变为以满足心理和精神需求为主。由此可见，以满足游客心理和精神需求为主题的观念转变是社会经济发展到一定阶段的结果。

同时，旅游资源开发成功的关键在于能否充分吸引游客的注意力，只有这样，物质旅游资源或精神旅游资源才能为游客提供旅游体验，进而成为旅游资源。随着时代的发展，游客对旅游产品的需求已经上升到了精神层面，因此，只有个性化、多元化、本原化、体验化的旅游产品才能真正满足游客的深层次需求。旅游产业和其他文化产业深度关联，这是因为主导旅游产业的旅游资源是符合社会需求的、是文明健康的。

通过上述分析可以发现，人们旅游资源观的转变已经让原本单一化、纯粹的自然环境、历史人文、社会经济等资源无法进一步满足游客的旅游体验需求。而如今市场上的旅游产品势必要以旅游体验作为吸引游客的第一要素。体验包含对历史、文化、习俗等的体验，是对人类所创造的文明的体验。由此可见，旅游资源观念的转变一方面可以从根本上推动旅游产业和文化产业的相互融合，另一方面也能丰富旅游资源，促进旅游产品的开发，进一步拓展旅游产品范围。

随着人们旅游资源观念的转变，为了实现旅游产业和文化产业的融合，旅游文化资源的开发方式也应发生改变，主要表现在三个方面。

（1）由粗放式向精细化转变

传统的粗放式旅游文化资源的开发模式以低质量、循环化拓展为主，长此以往，对旅游文化资源造成了不同程度的浪费，生态环境也遭到了前所未有的破坏。如今，粗放式旅游文化资源的开发存在以下问题：首先，旅游资源的低水平开发状态。个别省份旅游资源开发定位不准确，旅游业缺乏总体规划，有的景区分区混乱、功能不齐全、资源开发过度，甚至旅游设施建设严重失衡等，还有个别省份在传统文化、民族风俗等方面开发不充分，导致景区的旅游文化景观设施粗糙混乱，如四川绵阳的白马藏寨景区，景区山门外左侧是一个很高的长颈鹿雕塑，右侧则是一个加油站，山门左右两侧的设施建设让整个景区的外观显得极其不协调，与周边的生态环境更是形成了鲜明对比。其次，景区环境遭到了破坏。部分旅游企业往往从集体利益的角度出发，忽视了旅游文化环境真实的承载能力，进而采取过度开发的经营模式，只看到了眼前的利益，不顾生态环境的可持续性，甚至有的旅游景区规划为游客户外露营、烧烤、玩乐的场所，导致自然风景原貌被破坏，历史悠久的古建筑旅游景区面貌被损坏。此外还有个别景区内出现高层办公楼、住宿酒店、桑拿娱乐等设施建设，破坏了当地自然风景区文化氛围。最后，旅游资源的重复开发。例如，四川九寨沟景区和黄龙景区所覆盖的汶川、茂县、松潘、红原、理县这六个主要县区，近年来在旅游文化资源开发中出现了重复开发建设等问题，导致九寨沟—黄龙景区这条线上的松坪沟、大录神仙池、卡龙、牟尼沟等景区特征和九寨沟、黄龙大致相同。无论是地理地貌、自然风光还是自然资源、气候等方面，虽不及九寨沟、黄龙那样精美，但景色大同小异，可这些景点不及二者出名，导致很多游客忽视了这些景区，进而加剧了旅游市场的竞争，出现了分流客源、浪费投资的现象，从而造成景区资源的浪费。

由此可见，国内旅游企业应该充分吸取粗放型旅游资源开发的教训，转变开发思路，逐渐向精细化开发模式发展。这就需要从下面三个方向认真考虑：第一，以精品旅游产品开发为主。以文化和旅游部下发的有关培育旅游支柱产业决策为主，对旅游文化资源开发这一进程充分重视起来，树立正确的旅游观念，促进旅游文化资源逐渐向精细化方向发展，设计旅游文化引领的标志性景区和旅游产品。第二，不断丰富旅游文化内涵。在保证旅游景区外延的前提下，增加景区以文学、建筑、艺术、风俗、宗教等为主题的旅游产品，对当地自然生态环境和人文景观进行深度挖掘，一方面可以对景区旅游产品进行更新，另一方面还可以提升景区的知名度。第三，细部设计。国内部分景区往往给游客造成细部设计粗糙的印象，造成这种现象的原因通常是景区设计对细节的关注度较低，忽视了游客的切身体验，对景区整体形象造成了破坏。因此，景区规划、景点设计、配套设施建设等应该按照统一标准进行，如旅游景区厕所建设按照星级厕所标准和改造原则，进一步解决好景区厕所的水源问题和污染问题，此外在建设景区游览栈道、休息亭等时，应该在保证游客安全游览的同时，还要设置醒目的标识牌，提醒游客可以适时休息调整，以便继续游览。在景区无障碍设施建设方面，应该按照规范要求建设无障碍通道，以供残疾人游览景区，景区内应设置紧急情况应对措施和场所，妥善处理各种紧急事件。可以通过上述措施，将国内旅游文化景区建设成为文明、安全、健康的旅游景区。

（2）从单一式向系统化过渡

国内旅游市场对旅游资源的开发起步较晚，导致各地区缺乏统一、合理、协调的规划发展方向。旅游资源开发市场上出现了随意和过度开发的问题。一些地区仅仅看中自身狭小市场范围内的资源优势，无论是什么类型的旅游文化资源，都在竞相开发。这种同质化资源的分散开发模式一方面缺乏自身独特特色，另一方面无法实现规模效益，导致资金浪费，大大损害了旅游资源。小市场分散开发导致出现了客源分散、市场被分割的现象，使得景区之间的竞争愈演愈烈，让游客难以选择。

因此，旅游文化资源开发模式应该在吸取单一式资源开发失败经验的基础上逐步向系统化资源开发模式过渡。这就需要从以下三个方面努力实现。

第一，要有科学合理的规划。各个省、市、区要制定好关于本地的旅游文化发展规划，必要情况下要突破行政区划的限制，做好旅游发展区划和旅游经济线，避免出现同质化严重的旅游文化资源开发现象，掌握好与旅游经济相关联的旅游景区开发节奏，对旅游服务设施的空间布局与管理进行统一筹划，合理、有序布置旅游文化产品的促销内容，尽量减少或避免低水平、单一式的旅游开发建设，避免造成旅游资源破坏、资金浪费，最大限度地整合利用旅游资源。

第二，联动互补开发模式。这种模式主要通过具有较高知名度的中心景区拓展相关的旅游文化资源，以进行滚动式开发利用，进而形成具有一定规模的文化旅游资源开发模式。其中，知名度较高的中心景区要选择旅游资源稀缺，在旅游市场中具有一定的垄断性和号召性，在大多数旅游景区中处于中心地位的景区。这种中心景区可以是旅游文化资源，也可以是旅游文化产品，还可以是景区的中心产品，选择中心景区的关键还在于具有较高的知名度，在周边旅游产业中有较强的品牌效应。景区联动互动开发模式需要充分利用旅游景区的品牌效应，利用无形资源促进有形资源的聚集，最终起到带动作用，形成一定规模的经济效益。在联动互补开发模式中应尽量避免同质化建设，且保持一定的开发距离，不能对环境造成过度开发和超负荷开发。此外，为了进一步避免联动互补开发模式中的景区聚集现象，政府应充分发挥号召力和强制作用，要求各大开发企业依法进行开发，必要时可以使用经济和法律手段进行调整。

第三，合理配置文化旅游资源要素。旅游是一个综合性的体验，包括吃、住、行、游、购、娱六个核心要素。在发达国家，旅游收入通常由吃、住、行与游、购、娱两部分均衡贡献，各占一半。然而，国内旅游业仍然以吃、住、行为主要支柱，游、购、娱方面的比重相对较低。因此，在文化旅游资源开发方面，需要摒弃仅关注单一景区的狭隘思维，认真研究如何合理配置和组合吃、住、行、游、购、娱六个要素。加快建设旅游交通路网，紧急改善通往景区的各个道路，进一步加强信息拓展与传输方面的设施建设，以解决景区的交通和信号问题。此外，还应注重旅游产品的设计、生产与销售，针对具有民族特色和地域特色的旅游商品开发一条专线，精细化包装工艺，进而提高产品在各大市场中的竞争力。加强景区住宿和游乐设施的建设与管理，进一步打造具备地方人文特色的文艺演出，充分挖掘当地美食特色，让游客来到景区不仅仅体验自然风光，更能体验到当地的文化气息和娱乐氛围。

（3）由简单化向生态化转变

目前国内文化旅游资源开发尚存在简单化现象，有的地区因缺乏科学合理的统一规划，以边开发边规范为由，对当地生态环境造成了不同程度的损害。甚至有的景区还在开发过程中出现了对人文景观的破坏，忽视了对民族文化的保护。有的省份还在旅游开发过程中过度采伐森林资源，导致景区水位下降，自然生态环境遭到严重损害。总之，这些现象在近几年虽得到了进一步改善，但是仍有部分地区存在。

国内文化旅游资源需要在吸取过去失败经验的基础上逐渐向生态化转变，想要实现这一目标需要从以下四个方面入手。

第一，严格落实保护政策。生态环境学研究已经证明，当游客数量在一个旅游区域增加到超出其承载能力时，将导致旅游服务设施超负荷运行，同时也伴随着废弃物和污染物的增加，以及对该地区生态系统的干扰，最终导致生态和文化环境质量的下降。在生态旅游开发中，必须采取严格措施来减轻旅游地区的生态环境压力，以保持旅游文化资源的完整性。这有助于防止吸引力的减弱和旅游区域的逐渐衰退。因此，必须采取措施来分流游客，以维护旅游目的地的生态环境持续发展。

第二，科学开发。国内文化旅游资源开发要以区域规划和总体规划为前提，实行科学、合理、统筹的开发模式。这一环节的关键在于提前评估景区各个建设项目对生态环境有可能造成的影响，这说明一方面要考虑好文化旅游资源开发建设的合理布局，另一方面要结合地区所需发展重点项目，实施配套建设，避免因盲目或过度建设而造成的不必要损失，以促进旅游资源开发与生态环境建设的协调发展。

第三，可持续发展。旅游文化资源开发需要以保证生态环境的可持续发展为前提，确定开发路线，景区功能划分做到区内游、区外住的原则，便于有效管理，进一步降低污染能耗。景区内部的缓冲区和核心游览区域禁止建设相关餐饮、游乐、住宿设施，控制景区内的污染排放。此外还应加强对旅游区和周边生态文化环境的建设与管理，如落实周边绿化工程，扩大生态环境的植被覆盖率，推进天然林木保护工程，以建立天然的防护带，全面改善生态环境，推动生态环境可持续发展。

第四，生态与人文相融合。目前国内旅游文化资源开发应该坚持生态和人文并举的原则。国内有不少景区得益于独特的地理环境和气候，但是所在地区经济发展落后，因此，进一步开发区域文化旅游资源是这些区域在旅游市场上占据绝对优势的必要条件，也是突破经济发展困境的重要途径。目前国内大多数生态文化旅游资源都和自然生态环境、民族人文特色息息相关，并且两者相辅相成。自然环境承载了人文特色，而人文特色渗透到自然环境中，通过自然环境向观众展示着人文气息，共同缔造了我国生态文化旅游的独特氛围。因此，发展文化旅游一方面需要大力开发文化旅游资源，寻找发展旅游业的契机，另一方面要提升发展质量，制定开发与保护并存的方针，优化资源的合理利用。

对于那些文化旅游资源相对丰富的地区，应该拓展文化旅游资源开发的途径，推动保护工作的进行，尤其是那些生态环境相对脆弱的地区，必要时可以实行封闭式保护。对于生态环境不能实行绝对保护政策，应该在充分考虑开发与利用相结合的原则下，以可持续发展为前导，以保护为有效支撑，将眼前的青山绿水延续下去，落实可持续发展政策。

通过上述分析，文化旅游资源开发坚持从粗放式向精细化转变、从单一式向系统化转变、从简单化向生态化转变，这三个方面可以推动旅游文化资源的开发，促进旅游产业和文化产业相融合。

3. 旅游文化企业之间的竞争与合作

旅游文化企业之间的竞争与合作支撑着文旅融合。旅游文化企业作为整个旅游市场中的系统版块，包含了旅游活动中的各个要素。作为旅游文化企业，其最本能的职责是追求效益最大化，但是与效益最大化联系最为紧密的是游客满意程度。因此，旅游文化企业应该在旅游产品开发和技术创新上不断尝试、探索，拓展发展途径，应对逐渐竞争的旅游市场，以满足游客日益增长的需求。如今复杂的市场环境让旅游文化企业面对的压力和竞争越来越大，旅游产业之间的融合发展是各大旅游企业在竞争中突破自我，寻找发展新途径的结果，也是改变传统竞争局面和市场行情的关键所在。目前旅游文化企业所做的一切行为都是以游客为出发点，因此，游客旅游需要的改变是旅游产业和文化产业相互渗透、相互融合的根本原因。考虑到游客需求的升级，各大旅游文化企业竞相做出了改变，这才有了旅游产业和文化产业相融合的前导思想。由此可见，旅游文化企业之间的竞争与合作是两大产业深度融合的支撑。

旅游文化企业作为主导力量，支撑着旅游产业和文化产业之间的融合，也正因如此，其对效益最大化的追求是迫使其进行突破的重要原因。旅游市场中注入了文化产业这一要素，一方面可以拓展旅游产品的数量和种类，提高旅游收入效益，促进旅游产业和文化产业的渗透融合；另一方面可以拓展文化产业的市场空间。

为了促进旅游文化企业之间的竞争与合作，旅游文化企业需要努力做到以下四点。

（1）对游客进行细分，并提供不同层级的旅游品牌和服务

不同消费层级的游客对旅游体验的需求是不同的，因此作为旅游企业应该根据游客差异提供不同的旅游消费服务。旅游市场细分是提高品牌竞争力，在服务方面进行创新的基础，并且旅游文化企业通过市场细分可以帮助消费层级较低的游客同等享受到文化的内涵与价值，促使旅游文化企业提升市场竞争优势并保持一定的竞争力。

各大旅游文化企业应该根据不同消费层级的游客制订差异化服务标准与产品。此外旅游文化企业还可以为特定游客制订服务，建设以品牌为中心的个性化服务。随着人们生活水平的提高，对旅游体验的需求也在不断提升，更具个性化、多样化的旅游服务品牌不仅可以吸引游客的眼球，刺激游客消费，进一步提高游客对品牌的依赖性和信任度，还可以根据不同市场需求的差异化深入挖掘并开发旅游文化产品。

（2）促进沟通，构建不同层级的企业合作关系链

旅游文化企业和长期合作的品牌之间应该建立深度合作关系，也就是说对于“战略型”合作伙伴应该充分稳定合作关系，为市场宣传和旅游服务共同贡献自己的一份力量；对于那些“潜力型”伙伴，则予以正确的引导，并与其进行充分沟通；而那些“现实型”的合作伙伴，在充分发挥其优势的同时可以借鉴优秀案例，吸取成功的经验；另外还有一些“边缘型”合作伙伴，只要他们在规范和管理范围内，就不对其制定硬性规则，但是也不做培养和投入。除此之外，考虑到市场运作都是有法则的，并且这个法则应该涵盖所有成员，因此，旅游文化企业还需要遵循市场规则，在市场监管的监督与管理下运行。

（3）促进产业融合创新，拓展旅游文化市场

随着市场竞争愈演愈烈，旅游产业融合创新发展已经演变为旅游市场的新趋势，这种发展模式完全取代了传统的“价格竞争”特征。在这一过程中，如何改善经营模式，如何将游客的需求融入旅游产业和文化产业之中，是旅游文化企业值得深思的问题。同时，随着旅游市场竞争个体数量的增加，可供游客选择的产品也在增加，旅游企业推出的品牌和服务等方面也将竞争力逐渐提升。由此可见，为了解决目前市场上的恶性竞争现状，需要以产品融合和创新为主导力量，不断提升品牌和服务的影响力，以提高自身竞争优势，这是旅游产业和文化产业相互渗透、创新的基础。在这一原则指导下，对市场和游客需求进行细分，充分融合旅游产业和文化产业的个性化特征，只有这样，旅游产业才可以在竞争激烈的旅游市场中找到突破点，从而占据一席之地。

（4）确定最佳商业模式，建立共赢分配体系

以价值链理论为指导，在文旅融合的产业模式上，为了保证其正常运转需符合三个方面：完整性、公平性和均衡性。只有这样才能激发利益相关者之间的积极性，让其获得公平合理的对待，发挥效益最大化，通过利益相关者之间的努力与合作取得相应的竞争优势。这正是旅游文化企业在竞争激烈的市场中能否长久发展的关键所在。在旅游产业和文化产业相互融合创新的过程中，不同利益相关者之间应该有不同的效益分配原则，以保证旅游销售商户和旅游文化产品供应商都能得到一定的收益，只有这样才能维持旅游产业和文化产业之间的均衡发展。作为旅游文化企业，应该将每个利益相关者在旅游发展中获得相应的利润作为解决发展不均衡的第一原则，只有这样才能够打造长期合作共赢的团体，确定利益分配结构体系，为实现最好的商业合作共赢模式奠定基础。

（二）文旅融合发展的外在动力

1. 市场需求的增加

旅游动机的两大要素是时间和金钱。旅游是随着社会发展产生的一种休闲方式。人们的闲暇时间伴随着工业化发展的进步而增多，同时工业发展也为人们带来了生活水平的提升，人们有了一定的经济基础。就会逐步从繁杂的工作中解放出来，使得闲暇时间日益增多，加之人们对于精神生活的不断追求，旅游动机在这样的背景下便油然而生。

对于旅游市场需求增长，可以从刺激消费者旅游动机，丰富旅游活动内容，增强旅游体验感等方面理解。随着经济的快速发展，人们的闲暇时间和财富在不断增加。同时，人们在消费观念上逐渐有了改变，从以往的物质需求逐渐转变为精神需求，因此，人们对旅游体验内容的要求也会增加，他们需要一种不同于传统观光旅游的体验才可以满足精神层面的需求，实现在现实生活中无法得到的精神享受与追求。

游客在旅游服务和内容上逐渐趋向个性化、多元化和体验化，他们希望旅游产品一改往日的传统模式而有所升级创新，以满足其更加多元化的旅游体验需求，只有这样才能符合时代发展的需要，迎合市场改革。由此可见，游客旅游需求的增加和产品质量的提升是推动旅游产业和文化产业相互渗透、创新改革的动力，只有两者之间达到充分融合，才能衍生出新的旅游产品与服务，吸引游客消费。

2. 文化体制的革新

计划经济时期，我国文化体制面临着新的改革。当时政府如同一个庞大的文化公司，在掌握着文化资源的同时对各种文化行政机构实施着管理，甚至对国内的文化生产和消费等进行了统一规划、管理、监督等。

改革开放之前，我国还不存在旅游产业和文化产业这两个概念。当时的文化产业即文化，所有的外事接待活动则称为旅游，这两个概念在社会活动中并不存在明显的经济意义。文化在传播传统思想和民族文化等方面受体制约束较大，所有的文化生产活动和消费活动都要按照规则、计划等有序进行。直到改革开放之后，我国的政治体制不断发生变革，国内市场随之开放，文化改革的成效逐渐凸显出来。

目前，我国文化体制改革的理论研究已经积累了许多成果，其中主要存在着“两分法”和“三分法”的争议。“两分法”将文化体制改革分为以下两个阶段：尝试探索阶段（1979—2005 年）以及深入拓展阶段（2005 年 12 月至今）。“两分法”侧重观察计划体制向市场体制的结构模型演变以及组织形态的变化。与此相对，“三分法”将文化体制改革分为三个不同阶段：探索阶段（1978—1992 年）、推进阶段（1992—2002 年）、深化阶段（2002—2012 年）。本书倾向于将时间分为两个阶段：第一，将 2009 年至 2012 年视为体制机制上的重要突破阶段，充分展现了克服难题的决心。第二，将 2012 年至今的时间段作为延续前阶段的自然延伸，着重关注党的十八大之后文化体制改革的演进，以此来构建一条完整的文化体制改革发展脉络，突显党中央全面深化改革的重要方面。

通过上述分析，我国文化体制改革大致分为五个阶段：第一阶段为 1978—1992 年，即我国文化市场萌芽时期；第二阶段为 1992—2002 年，我国文化市场正处于起步阶段；第三阶段是 2002—2009 年，正值我国文化体制尝试改革时期；第四阶段是 2009—2012 年，为文化体制改革攻坚克难阶段；第五阶段是 2012 年至今，我国文化体制进入全面深化改革时期。

政府推行文化体制改革促使各产业的门槛降低、生产范围扩大，产业结构优化调整推动了产业间的融合创新。但是旅游产业和文化产业相融合正是在文化体制改革的攻坚克难阶段和全面深化改革阶段中萌发的，文化体制的革新也是推动两大产业相融合的外部动力，为其提供了更广阔的发展空间，成为弘扬我国传统文化的有效途径之一。

3. 技术的创新

文旅融合的关键在于创新发展，但是旅游业创新发展必须依附于某种技术手段。目前，随着信息技术的快速发展，我国旅游产业可以依托信息技术实现旅游业快速发展。

文旅融合发展的重要特征是旅游信息技术化。无论是旅游资源整合、旅游项目开发建设、旅游市场拓展，还是企业管理、企业营销等方面都离不开现代信息技术的支撑，信息技术可以推动旅游发展规划、旅游产业布局、产品与体制的创新。例如，积极引进先进的网络信息技术和动漫制作技术，一方面可以拓展旅游宣传方式，向大众普及旅游电子商务应用技术，另一方面还能在旅游业中催生如动漫等新的产业。

通过上述分析，旅游信息化技术的创新与变革对旅游与文化两大产业融合的推动作用主要体现在以下四个方面。

（1）旅游技术是促进文旅融合的前提

技术结构是总体技术结构体系中的各个等级、各个水平、各个形态技术的占比和组成关系，由这些组成关系最终构建成为一个技术的“大家族”。其中，单项技术进步可以为其他技术奠定良好基础，进而形成“技术进步群”。而旅游技术结构主要指为旅游业的各个领域、各个环节、各个区域、各个企业等提供科学技术、资源组合、技术构成等。因此，旅游产业和文化产业的融合是离不开技术的创新与支撑的。

20 世纪末正值旅游产业和文化产业相互渗透发展的关键时期，旅游景区往往凭借得天独厚的自然环境、地理、气候等主导旅游市场。自 20 世纪以来，文旅融合进入发展阶段，随着国内旅游企业数量的不断增加，人们的消费需求不断改变，这样的形势加剧了旅游市场的竞争性，大力开发自然资源已不再是旅游市场提升竞争力的主要方式。游客对旅游目的地自然风景的需求逐渐降低。相反，各大旅游企业为了满足游客的多样化需求开始竞相追逐旅游文化创意设计，他们力求在旅游文化产品上寻求技术创新，以满足游客精神层面的需求。因此，旅游技术结构逐渐成为旅游开发的重要手段。

（2）技术进步是文旅融合发展的基础和动力

技术的进步促进了文旅融合发展，通过渗透和辐射机制来影响两大产业的生产要素（如劳动资料和劳动力），从而改变了它们的特性。技术进步提高了这两个产业的生产要素质量，旨在更有效地配置旅游文化资源，从而促进了旅游文化产业的增长和成熟。旅游文化产业是服务领域的一部分，包括吃、住、行、游、购、娱这六个传统要素，以及商、养、学、闲、情、奇这六个新兴要素。技术进步已经深刻地渗透到旅游文化产业中，对劳动资料和劳动力产生了重要影响，使得旅游文化产业中的每个要素在很大程度上都与科学技术有着紧密联系。旅游产业和文化产业的生产力要素变化，是这两个产业在宏观层面结构变化的关键因素。产业中技术创新的活力越强，其吸收和融合创新成果的能力也越高，创新成果商业化和产业化的速度会更快，而市场需求的适应能力也会更强。当技术对这两个产业的影响力增强时，这些产业将进入迅速增长的阶段，规模效益也会逐渐显现。为了激发旅游产业和文化产业的融合发展，持续引入技术创新并将其转化为商业实践是至关重要的。

（3）技术关联是文旅融合发展的核心要素

文旅融合的关联关系不仅包含社会关联，还包含技术关联。不可否认的是，技术关联在旅游产业和文化产业相互融合发展方面扮演着“血液”的角色。技术关联主要指旅游文化产业产品之间存在的供求关系，还包含旅游文化企业价值观的体现。

随着生产力和生产技术的发展，交换从一开始的简单交换或偶然交换逐渐发展为一般等价物交换，这一发展历程说明了随着旅游文化企业的增加，社会生产规模在不断扩大，多种产业融合逐渐复杂化。部门之间单一化的交流模式逐渐减弱，但是旅游产业和文化产业部门之间的依赖性仍然存在，这使得两大产业部门在产品的供求上形成了相互制约、促进的关系。旅游产业和文化产业之间的联系主要取决于技术因素，不同部门之间的内在联系是通过技术实现的。如果旅游产业和文化产业的融合结构脱离了技术水平，这将导致畸形的产业结构，缺乏内在联系，无法实现良性循环。旅游文化企业通过技术创新建立了一个包括前端、后端和相邻领域的价值网络，以传递和扩散技术。随着我国信息网络技术的不断进步，旅游产业与文化产业之间的融合也在不断深化。

（4）技术的生命周期决定文旅融合发展的生命周期

技术进步是不断深化、积累的过程。以技术生命周期理论为例，其包含了一项技术从构想到萌芽，再到产生、发展、衰落直至淘汰的整个过程。旅游产业和文化产业在不同社会阶段所需要的技术先进性是不同的，如旅游产业和文化产业在融合初期对技术标准化要求较高，并且希望在创新上有所尝试，对技术的引进和开发有较高要求。而在两大产业融合中后期阶段，则希望旅游文化产品有多样化发展方向，逐渐注重创新技术与产品的引入。当两大产业融合发展迅速时，企业对文化产品创新的要求较高，并不断寻求差异化发展。

4. 其他产业的发展

如今，我国经济发展正处于转型阶段，大多数产业面临着较大压力。文旅融合发展正是旅游业发展处于瓶颈期寻求突破的重要方向，只有这样才可以在原有产业发展的基础上实现资源的再利用，提高产能，实现利益最大化，还可以在竞争激烈的市场中开拓新的发展方向和发展空间。其他产业的发展则需要与旅游业达成要素分配、协调、整合，从而形成产业之间的融合发展。我国一些传统产业在自身发展基础上逐渐与旅游业相互协作、融合，一方面可以实现资源再利用，拓展产业链，提高产业效益，另一方面还可以实现传统产业功能创新。此外，国内大多数传统产业因设备落后、机器老化等而出现产能过剩的问题，这就需要不断开拓市场新方向，引进先进技术，开发新产品。而文旅融合为传统产业发展提供了新思路，这些产业和旅游产业之间达成协作，实现自身资源的再开发利用，提升效益，在不断创造新价值的同时还能丰富旅游产品内容，拓展旅游产业链，推动旅游业创新发展。

（三）文旅融合发展的相互推动力

1．文旅融合互动效应分析

产业融合互动是促进产业集成的有效方式之一，可以激发个别边缘产业实现创新，形成合作共赢的协作关系。旅游产业和文化产业互为依托，相互促进，共同发展。因此，在产业融合发展的过程中，旅游产业可以延伸文化产业发展方向。通过旅游开发可以挖掘悠久的文化传统，将其传承和弘扬，此时旅游就是一个有力的传播媒介。此外，借助文化资源，可以丰富旅游的文化内涵，促进旅游业的迅速发展。但最为重要的是，将旅游产业与文化产业有机融合，创造文化附加值，以实现双方共赢。事实上，这两大产业的互动可以充分展示区域的独特文化特色，进而最大限度地推动区域经济的发展。

（1）旅游产业拓展文化产业发展空间

文化产业以旅游市场为依托发展自身特色，这一过程中旅游市场充当了载体的角色。文化产业通过旅游市场让更多人认识到了文化的内涵，明白传承和弘扬文化的重要性，这些都是对文化的保护与创新。因此，旅游市场是文化发展的强有力支撑。大多数人对各地区文化充满了好奇，这促使旅游文化企业对文化资源进行深度挖掘，以满足人们的多样化需求。所以，对文化的传承与保护创新是至关重要的，人们需要增强对文化的自信心和认知，以不断完善文化体制，建设文化体系。

任何产业的发展都离不开客源市场的支撑，尤其是旅游业，客源市场是支撑旅游业持续发展的强大动力，但是大多数游客来源于不同地区，因此他们的文化需求是不同的。这就要求旅游文化企业为游客提供差异化文化服务，不断拓展文化发展空间。

目前，我国大多数地区致力于打造以旅游业为依托的文化演出项目，如上海的《ERA—时空之旅》。这些以表演项目为主的文化输出基本都是通过旅行社向外销售，和以往传统的营销模式不同，这种途径可以保证客源和收入的同时，还能打开市场，拓展文化产品销售方式，让文化产品走向更大的销售平台，逐渐向精细化、市场化和规模化方向发展。由此可见，游客是文化产业发展的推动力量。

（2）文化产业拓展旅游产业的内涵和外延

文旅融合发展是相互依赖、促进的过程，两大产业之间是密切相关的。从旅游产业角度分析，所有包含文化内涵的产品和旅游产品是不同的，在旅游市场上更有竞争力，能吸引游客消费。在这样的发展模式下，旅游产品是以文化产品为依托的，在融入文化因素的同时，让旅游产品不断升级，以满足游客多样化需求，拓展了旅游产业的内涵与外延。

第一，在旅游产业中加入文化因素，不断升级创新旅游文化产品，让原本静态的文化资源变为动态可销售的文化旅游产品，这也是对旅游产业生命周期的延续。在旅游产品中融入文化的创新设计和动态的文化资源，能在提高旅游产品吸引力的同时提高市场竞争力，不断拓展旅游产业的外延。

第二，旅游产业受季节因素干扰较大，不同季节旅游产业的发展态势是不同的。在季节这一条件的限制下，可以通过加入文化产品来缓解这一问题带来的困扰。在旅游体验过程中，人们往往被加入文化因素的产品所吸引，可见，文化内涵可以提升旅游的层级。旅游文化企业也只有在文旅融合的发展道路上寻找突破口，将文化贯穿于旅游产品始终，逐渐取代传统的走马观花式旅游方式，带动旅游产业升级，提高产业市场竞争力。

2. 旅游产业促进文化产业发展

旅游与文化这两大产业紧密联系、互相依存。文化脱离旅游而存在，如同灵魂没有了身体的承载。旅游产业和文化产业都是具有经济性和文化性的，两大产业在发展过程中相互引导、相互渗透。

（1）旅游产业对文化产业具有引导作用

旅游产业可以为文化产业提供一定指引，而区域文化可以通过旅游产业来凸显其内涵。具体而言就是旅游产业的发展可以为文化资源的开发利用提供一定指导。这一过程需要充分挖掘区域文化资源，不断完善并升级文化结构体系，开拓市场发展空间，扩大销售规模，促进具有民族历史特征文化的传承和弘扬，将文化内涵与价值发挥到最大，实现文化的良性保护与开发。

（2）旅游产业能促进文化资源的开发、保护与交流

由于文化资源具有时代性、脆弱性和无形性等特征，因此文化资源的发展一直以来受到了多重阻碍，不得不依靠外部条件来得到保护与开发。其中，无形的历史文化资源和有形的文化遗产等很容易受到现代社会发展的冲击，也因此被很多人遗忘，其价值逐渐被忽视。针对文化的保护与传承这一重要主题，国家连续出台了一系列政策，号召社会加强对文化的重视与保护，并且在财政支持上投入较大资金。但是仅依靠国家的财政支持是无法实现对文化资源的良好保护与开发的，而各种政策对社会群体的号召力也是有限的，无法满足实际需求。我国历史发展经历了五千多年的沉淀，拥有丰富的文化资源和独特内涵，在世界具有强大的影响力。如今，随着经济的快速发展，旅游产业蒸蒸日上，在旅游市场中融入文化资源已是大势所趋，只有这样才能不断完善并升级旅游产品设计，以符合游客的多样化需求。近几年旅游业的发展已经给文化资源的保护与开发带来了良好的前景，其所创造的收入也逐渐受到了社会的关注，为文化资源的传承保护提供资金支持。由此可见，文旅融合在促进旅游业快速发展同时，解决了我国文化保护与传承所面临的重要问题。

旅游存在于世界的每个区域，这些区域有着不同的文化背景和地域特色，通过游客之间的相互交流、沟通进行着传播。与此同时，以各种形式举办的博览会、展览会和学术研讨会、景区比赛等都是旅游与文化相互渗透、相互融合的体现。因此，旅游承载着向世界各地传播并展示文化独特魅力的作用。

（3）旅游产业扩大了文化产业的市场空间

旅游产业作为世界级别的产业之一，全世界每年旅行的游客数量高达几十亿人次，可见旅游市场有多庞大。随着旅游的普及，旅游市场在不断扩大，我国旅游产业已经和十多个产业实现了联合发展，其中与三大产业中的农业、工业分别形成了农业观光旅游和工业旅游的产业形态。我国旅游产业与第三产业服务业形成的产业形态较多，有教育旅游、体育旅游、医疗旅游、节庆旅游、会展旅游、商务旅游、文化创意旅游、影视旅游等。旅游产业已经覆盖了多个行业市场，随着复合产业的融合发展，旅游产业拥有广阔的发展前景。例如，深圳华侨城集团是我国文化创意设计的优秀案例，著名的欢乐谷景区、锦绣中华景区、世界之窗和中国民俗文化村都是出自这里，这些著名的旅游景区运用现代高新技术和休闲理念，开创了文化元素与旅游产业相融合的发展模式，让游客在旅

途中体验到了异域文化。华侨城景区内开设了多个文化主题的景点，可以满足不同年龄段游客的需求，将文化产业融入旅游产业，构筑了特色鲜明的文化旅游产业链。设计丰富多样的旅游文化产品和开拓市场销售空间已经是景区发展的主要方向。

3. 文旅融合发展的作用

文化和旅游相互依存，没有文化的旅游如同失去灵魂的躯壳，没有活力，这样的旅游产品也无法吸引游客进行消费。中华民族拥有五千多年的光辉历史，在漫漫历史长河中逐渐积累了丰富的历史文化和文物古迹。我国共有五十六个民族，每个民族都形成了小聚居、大杂居的居住现状，且每个民族的风俗习惯、宗教信仰和建筑风格等都不相同，但正是多样的文化特征为我国旅游业的发展注入了多姿多彩的文化内涵，这对国内外游客来说无疑具有巨大的吸引力。

（1）文旅融合有助于丰富旅游产品的种类，增加市场竞争力

文化是无形的，属于静态资源，但是文化的独特魅力在于其背后强有力的精神文明。随着人们物质生活水平的提高，人们的科学素养在不断提升，对文化的需求也在增加。现在很多游客对旅游的渴望更偏向于追求异域文化体验，增长知识。过去，人们想要了解外面的世界只能通过文字和口头交流的形式，但是随着科技的发展和信息化的普及，人们可以利用高新技术将文化的显性层面和隐形层面都体现出来。文化产业通过与旅游产业融合发展，设计出多姿多彩的文化旅游产品，打造更具人文特色的旅游景区，以获取更大的竞争力。例如，美国的迪士尼乐园就是融合了文化内涵和旅游产品的发展模式，在景区游览过程中，可以体验到水幕电影，将景区文化一览无余地展示给前来观光的游客，在带给游客视觉冲击的同时还能使其享受当地的文化体验，提升了景区效益。此外还有横店影视城，加入了热播影视剧，通过影视产业吸引了更多游客，在让人们感受影视文化的同时，提升了景区热度，创造了新的旅游业态。

（2）文旅融合有助于提高旅游的内涵与品位

传统旅游业态仅以静态展示方法陈列着景区的历史文物和遗迹等，游客在景区内大多数以走马观花式进行游览，只有听导游解说才能深入了解景区文物的历史背景，这种旅游方式已难以满足游客的多样化需求。随着我国文旅融合的发展，文化产业进行了创新，景区通过借助高新技术手段，以游客需求为引导，加入创意设计，不断提升文化产品内涵，将更丰富的文化底蕴传达给游客，达到刺激消费的目的。例如，张艺谋的印象系列将地域文化特色和旅游产品进行了完美融洽，打造了《印象 · 刘三姐》《印象 · 西湖》等一系列成功作品。作品提炼了真实人

物故事和民间传说的文化元素，将这些元素与自然山水相融合，通过编排一系列情节将极具创意的设计展现在游客眼前，触动游客内心情感。此外，有的作品还借助舞台剧和音乐剧的方式呈现了丰富多样的旅游文化产品，如西安曲江的大型秦腔交响诗画《梦回长安》、大型秦腔诗乐舞剧《杨贵妃》和陕北民歌《兰花花》，这些融入文化元素的作品通过动态展示方式让游客逐渐领略到了地域风情和民族文化特色。

二、文旅融合发展的机制

文旅融合发展的机制是促进文旅融合的内在动力机制和运行体系，普遍认为有消费需求动力、技术创新动力、政府规制动力这三种正向推动力。机制研究主要是解决“为什么融”“融什么”等过程问题，形成了一系列基础研究成果。目前学者已经形成了一些观点，其中张海燕、王忠云①构建了两大产业的相互依存、共生互融、互动共进的融合机制，侯兵等②提出了文旅融合的“渗透交叉－重组促进－创新驱动－多元协同”机制，还有一些学者针对文旅教体融合机制、特色小镇文旅融合机制等进行了研究。可以看出现有研究存在文旅融合概念视角的限制，导致研究相对狭窄、零散，体系性不强。

（一）文旅融合的三个核心视角

因文化与旅游的系统性特征，所以文旅融合的现有研究角度各不相同。从旅游系统构成出发，可以从三个核心视角对文旅融合进行分析。从游客视角，文旅融合应是作为一种旅游活动过程的文旅融合；从旅游目的地视角，文旅融合应作为旅游目的地的文旅融合；从旅游产业视角，文旅融合应是文旅产业的融合。文化与旅游的产业融合是文旅融合的目标诉求，作为一种旅游活动过程的旅游与文化融合是文旅融合模式与机制的表现形式，而作为一个旅游目的地的文化与旅游融合是文旅融合的内容与效应。

1．游客视角：旅游活动过程的文旅融合

从游客的视角来看，文旅融合是旅游活动过程的文化融入与结合。文化旅游产品和文化旅游服务是游客文旅融合的体验。文化旅游各类活动，如文化体验、

① 张海燕，王忠云．旅游产业与文化产业融合发展研究[J]．资源开发与市场，2010，26（4）：322–326．

② 侯兵，杨君，余凤龙．面向高质量发展的文化和旅游深度融合：内涵、动因与机制[J]．商业经济与管理，2020（10）86–96．

沉浸演艺、文博参观、文化研学、文化娱乐、文化主题游乐等产品均为文旅融合的实际载体。站在游客角度，文化旅游是一种活动过程，而文旅融合是其模式和机制的展现形式和外在表达。文旅融合的系列演化，不论其过程的复杂、内涵的深刻，最终呈现给游客的是文化体验感强的文化旅游活动过程。文化旅游以游客为本，文旅融合也应围绕游客的旅游活动过程。

2. 旅游目的地视角：旅游目的地的文旅融合

从旅游目的地的视角来看，文旅融合是旅游目的地文化和旅游的结合创新与文化旅游互动效应的供给升级。旅游目的地挖掘利用文化资源，开发文化旅游产品，提升打造文化旅游目的地，创新形成文化旅游基地、文化旅游景区等文化特色旅游地。旅游目的地的文旅融合，是旅游目的地的文化特色提升途径，也是新时期旅游目的地转型发展的必由之路。旅游目的地是文旅融合的空间载体。在旅游目的地，文旅融合是文化与旅游二者内化形成的内容与效应。

3. 旅游产业视角：文旅产业的融合

从旅游产业视角来看，文旅融合是文化和旅游产业内各行业、各部门与文化内涵的结合，包括旅游产业要素的文化旅游融合以及旅游公共服务的文化内涵融入。例如，传统旅游行业通过升级打造文化主题餐厅、文化主题酒店、文化主题乐园等将文化元素融入，以提升旅游产业的吸引力。文旅融合的目标诉求便是文旅产业的深度融合。

（二）文旅融合机制：双向驱动，三“角”链合

文旅融合机制是促进二者融合的核心动力。从文旅融合的三个核心视角出发，文旅融合的动力源自文化旅游互促关系，即旅游为文化赋能、文化为旅游增效，而其融合过程关键是游客视角下的产品链、服务链，旅游目的地视角下的效应链、创新链，以及旅游产业视角下的价值链、要素链。

1. 动力机制：旅游为文化赋能，文化为旅游增效

旅游和文化二者相辅相成，旅游为文化赋能，文化为旅游增效，文化提升了旅游的内涵和品位，旅游促进了文化的市场与产业。

一是旅游为文化赋能。旅游发展更有利于文化的适应性保护和活态传承。文化是旅游的出行动机，文化保护成为发展旅游的前提和基础，旅游发展使文化保护动力更强。旅游发展提升了文化的经济价值，并带来了社会效益乃至生态效益。旅游使文化需求空间扩展，带来了更广泛的文化热度，推动了文化活动的开展、文化市场的繁荣，丰富了游客的文化生活。文旅融合为文化保护带来了动力，为

文化发展注入了活力，为文化和旅游产业发展赋予了持续的竞争力。

二是文化为旅游增效。文化本身成为旅游发展的最重要动机之一，是旅游的重要吸引物。文化增加了旅游的内容，提升了旅游的品位，丰富了旅游的内涵，使旅游增强了文化性。文化为旅游注入了生动的故事，为游客增加了获得感。文旅融合能够进一步促进旅游产业的优化升级。

2. 融合过程：三个视角的链合

（1）游客视角：产品链、服务链

从游客的视角来看，文旅融合的过程，即围绕文化旅游活动的行为组织，通过采用特定的手段和方法，把文化内涵融合到旅游产品中，并以旅游的方式展现给游客。具体内容包括文旅产品链合、文旅服务链合。面向游客，文旅融合的出发点是持续释放文化和旅游需求，满足文化旅游消费需求，促进形成文化和旅游消费的持续效益，顺应游客消费升级趋势，从文化和旅游的产品链、服务链的合作切入，积极培育文化和旅游消费新热点。

（2）旅游目的地视角：效应链、创新链

从旅游目的地视角来看，文旅融合的核心是文化旅游目的地、文化和旅游资源产品的整合创新，提升了文化旅游竞争力，提高了文化旅游发展的速度。具体有两个方面：一是融合创新效应。将文化要素融入传统旅游目的地，文化的差异性增强了旅游目的地的特色性，旅游目的地由此向文化旅游目的地跃升，提升了旅游目的地的区域竞争优势，从而提升了旅游目的地的核心竞争力。二是整合效应。通过持续深入地对旅游资源进行开发，可以赋予旅游资源更多的文化特色内涵，可以促进旅游和文化特色的深入融合，从而形成更加有地域特点的文化旅游目的地。

（3）旅游产业视角：价值链、要素链

从旅游产业视角来看，文旅融合的关键是产业链重组，通过各类产业要素重整，实现文化旅游产业价值链的再造。文旅融合推动文化和旅游产业内部组织运行模式的重塑，横向和纵向的产业关联重组，实现了价值链的优化整合与提升。文旅融合是对文化价值的创新，它将文化内涵转化为文化体验，通过可感知、可体验的形式传递给游客。将文化内涵融入旅游活动中，创新了价值主张，延伸了旅游的要素链。文旅融合拓展了产业边界，促进了产业内部的功能互补和延伸，使产业经济活动有了更新的附加活动和游客价值。

第二节　文旅融合发展的动因与障碍

一、文旅融合发展的动因

（一）旅游市场与文化市场的需求

随着后工业时代和消费社会的发展，人们在享用工业文明带来的成果的同时，逐渐希望能够脱离快节奏、程式化、物质化的生活状态，当人们基本的生活需求被满足之后，就更期望能在心理甚至是精神层面上得到满足，享受精神上的愉悦。因此，游客的消费需求也随之发生变化，旅游需求观念由被动型向主动选择型转变；旅游需求的内容也从单一化逐渐向多样化过渡；旅游需求方式从静态参观向动态参与转变；旅游需求的热点也由传统的稳定式发展向多样变化方向转变。这些转变意味着旅游产品的内容、形式必须根据游客需求的变化而不断变化。

当一种新的旅游需求产生后，需要新的旅游产品来满足新的旅游需求，而新需求满足后又会产生其他新的旅游需求，整个旅游活动以"需求—生产—满足—新的需求—新的产品—新的需求"这种模式循环往复。消费需求和消费水平决定了旅游产业的发展方向和速度。因此，在文化消费需求量越来越大、层次越来越高的背景下，为了满足游客多样化需求，旅游产品的设计和服务也逐渐向精细化、体验化、个性化、多元化方向发展，消费者对产品和服务中蕴含的文化元素越来越重视，有的甚至会关注文化元素所蕴含的人文特色。由此可见，游客需求的提升与改变为旅游业发展提供了新的思路，这也成为推动文旅融合发展的强劲动力。

1. 体验经济催生文化体验需求

体验意为实际经历、通过实践认识事物。1999 年，派恩和吉尔摩在《体验经济》一书中指出："体验消费指企业作为主体，以顾客的需求为中心，在提供服务的同时展示着丰富多样的商品，尝试从生活和情境的角度去触动顾客的感官体验，和顾客产生情感共鸣和思维认同，以吸引顾客的注意，为顾客带来独特且难忘的消费体验。从而改变顾客消费行为，也为产品找到新的价值体现和生存空间。"①

① 派恩，吉尔摩．体验经济 [M]. 夏业良，曹伟，等译．北京：机械工业出版社，2008.

体验经济注重人的非物质需要，它从人的个性、偏好、情趣等角度反映模式化的生活方式和观念，将人们在现实生活中对各种关系的感受、理解、直觉通过自己的穿着、吃喝、住行、语言、思维等方面表达出来，凸显自己与现实生活、世界的个性联系。在后现代社会，随着人们消费需求的升级和社会生产力的发展，以消费者体验为中心的新经济形态开始在服务经济的基础上发展起来；个性化、定制化的生产模式逐渐代替规模化、标准化的大机器生产，体验消费逐渐渗透到各个产业部门，体验经济正成为新的经济增长点和现代社会经济发展的趋势，并引导社会经济从注重数量增长到注重质量提升的转变。

旅游是在满足基本的物质需求和心理需求后人们所追求的精神层面的体验。外出旅游的人们希望能在旅途中收获快乐，这是因为旅游是一个需要五官体验和感知的过程，人们可以通过旅游获得内心的愉悦与满足。在体验经济来临后，文化体验是各大旅游文化企业发展的趋势，旅游文化企业以游客需求为出发点，在产品设计、产品营销中融入文化元素，让游客在获得产品实体的同时可以感受文化气息，获得心理甚至精神上的满足。因此，文化体验在注重游客精神诉求和商品设计的同时更具个性化、审美化、情感化、符号化特征。

随着物质生活水平的日益提高，人们在消费物质形态产品的同时，更加看重文化形态的消费价值，在文化形态的消费中，又非常注重体验性活动，枯燥乏味的文化接收方式在新时代的冲击下越来越失宠，现代人越来越倾向于选择以较为轻松愉悦的方式来获得文化知识、丰富人生阅历。因此，这就为旅游产业与文化产业创造了极大的融合发展空间，在体验经济时代，旅游产业将从生产、销售传统观光产品向生产、销售文化体验转变，文化体验成为文旅融合的关键节点。

2. 大众消费的发展推动人们需求变化

改革开放以来，人们的生活水平得到了大幅度提升，空闲时间更多了，消费方式也在发生着变化。生存资料的消费比重不断下降，享受和发展资料的消费比重不断上升，恩格尔系数逐年下降；居民消费从追求数量逐步转向追求质量；居民对文化教育、休闲娱乐等高层次消费品的需求越来越大，消费结构逐步升级。人们不再仅满足于从消费中获取物质需要，开始追求精神文化含量更高的生活方式。

基本生存需求主要通过物质消费实现，而高级需求则主要通过文化消费满足。在后工业社会，居民消费早已超出了满足基本生存需要的功能阶段，已经步入具有满足精神需要的高层次享受的功能阶段。文化消费是人们根据自己的主观意愿选择文化产品和服务来满足自身精神需要的消费活动，它具有两个基本特征，一方面文化消费满足的是消费主体的精神需要，另一方面用来满足主体需要的主要是精神文化产品或精神文化活动。旅游是人们的物质生活条件得到了基本满足，拥有可支配的多余资金和闲暇时间下的选择，从而产生的消费行为。从性质上看，旅游消费是一种较高层次的消费，属于满足发展与享受需要的消费。作为一种追求享受、体验的消费活动，旅游消费本质上属于文化消费。近年来，旅游消费逐渐凸显游客对文化体验的需求、对参与性活动的强烈渴望，游客更希望自己是表演者、运动员（即使是场外的），而非一般的旁观者。

人们在满足低层次需求后，会不断追求高层次需求，而旅游产业与文化产业的出现、发展正是人们的需求不断升级的表现，它们是以满足消费时代人们精神文化需求为目的的产业。随着社会经济的发展，恩格尔系数不断下降，人们对文化产品、文化服务的需求越来越多、越来越高，人们对购买商品中的文化要素越来越看重。消费不再仅仅意味着购买商品，而逐渐成为某种文化象征，成为个人价值观的表达方式。

随着我国社会经济的快速增长，人们期望能在旅游中了解不同地区的文化特色和民族风俗，这也为文旅融合创造了广阔的发展空间。随着大众消费的不断发展，游客对旅游产品、文化产品的类型需要将越来越多元，内涵需要将越来越丰富，这就成为文旅融合发展的重要动力，也将推动文旅融合向深层次发展。因此，旅游产业与文化产业将随着消费者需求的变化而不断发展，多样化、个性化、动态化的消费动机将不断促进文旅融合发展。

3. 经济、文化的发展加快文旅融合进程

随着社会经济发展和经济全球化进程的加快，社会、环境问题越加凸显。由此，人们开始反思各种社会发展模式，并逐渐认识到，社会、文化、制度等非经济因素尤其是文化因素在社会经济发展中起着重要作用，人们希望利用文化的积极作用来消除经济社会中出现的各种负面问题，文化转向逐渐成为社会发展的重要趋向。

经济与文化紧密相连，经济发展离不开相应的历史文化环境，而文化通过影响人们的思想、价值观和行为方式来在经济发展中发挥其作用。20 世纪末，在以计算机、互联网为代表的高科技的推动下，经济、文化迅速发展，并呈现出互动共生的发展态势。一方面，科技进步逐渐成为经济发展的决定性因素和重要驱动力，知识等智力资源逐渐取代传统资源而成为经济增长的重要源泉，经济增长速度越来越取决于科技发展速度和人们的创新能力；另一方面，经济活动中的生产、交换、分配、消费等环节的文化因素越来越多，商品的价值不仅取决于其功能，还取决于商品的文化内涵、特色等文化使用价值。现代商品的文化含量、文化附加值越来越高，文化因素逐渐在经济发展中起到决定性的能动作用。如今，文化已成为世界范围内经济社会发展的价值维度，经济、文化的融合发展是现代市场经济发展的大趋势，在现代化市场进程中，文化发展依托经济发展获得更广阔的发展空间，同时文化发展也为社会经济发展提供了强大动力。

经济、文化的融合发展不仅是经济与文化的简单融合，而是两大产业之间的相互渗透、相互促进，最终形成交叉的关联体。经济、文化的融合发展无疑包含经济文化化和文化经济化，其中经济文化化指现代经济发展中科学技术信息化的重要作用；而文化经济化则是指文化融入经济中，融入各大产业和市场之中，成为商品属性的一部分，是社会发展不可或缺的重要组成部分。经济、文化的融合发展在当今社会中的主要趋势是文化资源优势逐渐取代传统资源优势，文化对社会经济发展具有重要的推动作用，对国家经济增长有巨大贡献，科技亦是如此。科技对我国第一生产力发展的贡献越来越大，是推动我国经济发展的重要因素。商品中文化的附属价值，如文化含量、文化个性和文化品位等都能为商品取得强大的竞争力。观念文化对经济发展的影响和促进作用逐渐凸显出来。近几年文化产业迅速发展，文化产业已经成为社会经济发展的重要支撑。随着经济与文化的融合发展，文化经济在竞争激烈的市场中逐渐占据主导地位，因此，在旅游产品中融入文化元素十分重要，文化产业是旅游产业的强有力支撑。因此，文旅融合发展成为大势所趋，经济、文化的融合发展也将推动旅游产业与文化产业不断朝着更广领域更深层次的融合发展。

（二）旅游产业转型升级

我国旅游产品类型比较单一，旅游产品以观光型为主，缺少具有丰富文化体验性、参与性的旅游产品，旅游娱乐、旅游商品的类型和数量都比较有限，旅游产品结构不合理。同时，在我国旅游开发中，很多旅游目的地仍停留在低层次的重复开发阶段，长期对旅游资源进行掠夺性开发及旅游产业的超常规发展，导致旅游目的地的环境质量下降，出现了旅游产业发展与资源环境退化的矛盾。

近几年，随着社会发展，我国提出了建设创新型国家战略，主要目的是使经济发展从要素驱动型向创新驱动型转变，让创新发展成为经济社会发展的驱动力。在这样的发展背景下，以大量消耗自然资源为代价的传统旅游产业迫切需要通过创新发展实现产业的转型升级，以实现旅游目的地的可持续发展。产业融合作为一种产业创新发展模式，将会成为旅游经济增长的新动力；同时，它也将改变传统旅游产业生命周期的规律性，使旅游产业不断散发新活力、新生机。

因此，我国旅游产业在发展过程中需要通过转变发展方式来提升旅游产业素质，通过转型升级实现旅游产业结构优化，通过协调生产要素、创新业态来推动旅游产业持续发展。同时，激烈的市场竞争要求旅游产业模式由观光向休闲、度假转变，产业结构由单一化向多样化、特色化转变，开发模式由粗放型、数量型向精细型、素质型转变，产业功能由经济功能向文化功能、生态功能等综合功能转变，实现产业结构的转型升级。在这样的压力下，旅游产业将通过与文化产业的融合以创新产业发展模式、丰富产业内涵、提升产业价值、增加产业竞争力，从而加快旅游产业的转型升级。

二、文旅融合发展的障碍

（一）传统观念障碍

在融合前，旅游产业与文化产业都属于独立的产业部门，而在融合过程中需要打破两个产业之间的界限，促进产品融合、市场融合和企业融合。这期间两个产业为了捍卫各自的利益难免会存在本位主义和老大主义观念，这些传统观念将会固化产业边界，阻碍旅游产业与文化产业的融合进程。

1. 本位主义

本位主义是一种不顾大局与整体，一切从本部门、本单位与地方利益出发的错误思想作风，是一种放大的个人主义，其结果既妨碍整个大局的工作，又无益于本单位的局部工作。产业融合就是要逐渐打破旅游产业与文化产业之间的壁垒，只有当旅游产业与文化产业的产业边界、产品边界、企业边界逐渐消失，两个产业才能实现全面融合。而本位主义的存在，将会导致旅游产业、文化产业不顾融合的整体发展态势，只是将自己的产业部门作为整体，而不是将旅游产业与文化产业作为整体，因此产业发展策略也将只从本产业部门利益出发，只考虑本产业的利益，而不顾产业融合发展的长远利益。本位主义的存在非但不利于打破旅游产业与文化产业之间的产业壁垒，反倒会进一步加深旅游产业与文化产业之间的隔阂。

由于本位主义的存在会严重阻碍旅游产业与文化产业的融合发展，因此，现阶段必须打破这一传统观念障碍。在融合过程中，旅游产业与文化产业必须树立整体观念，将旅游产业与文化产业作为共同的发展系统，运用系统论的理念处理好整体与局部的关系，协调好融合发展与旅游产业、文化产业发展的关系，处理好融合发展的长远利益与旅游产业、文化产业利益之间的关系。

2. 老大主义

从收入总量上看，旅游市场效益比文化市场效益高，但是不能忽视我国文化市场的发展潜力。按照文化经营的内容，可分为娱乐市场、演出市场、音像市场、美术品市场、文物市场、对外文化交流市场、艺术培训市场、书报刊市场、影视市场九大类型。①

作为独立的产业部门，旅游产业、文化产业规模都不容小觑，这就导致在产业融合过程中，旅游产业、文化产业容易产生老大主义，总认为自己所在的产业部门是老大，总想着吞并掉另一方。产业融合并不是要旅游产业吞并文化产业，或是文化产业吞并旅游产业，而是两个产业将融合发展作为共同的发展目标，共同把“市场蛋糕”做大、做强，使旅游产业、文化产业在融合中发展壮大，从而改变目前小、散、乱的产业发展局面。在产业融合过程中，旅游产业与文化产业需要克服老大主义，主动消除彼此之间的产业壁垒，实现两个产业的共同繁荣。

（二）旅游产业与文化产业的市场障碍

市场是商品交换的场所，而旅游市场就是消费者和旅游经营者之间达成某种协议并进行经济行为的空间。文化市场则是文化产品进行流通的场所。当市场融合时，旅游产品与文化产品能够共享彼此的营销渠道，可以在原有客源市场的基础上，不断扩大，从而进一步促进市场的融合发展。但是，目前在文旅融合的初期，还面临着以下市场障碍。

1. 营销渠道尚待整合

营销渠道是产品或服务从生产商流向消费者的过程，这个过程有多条路径，产品或服务会经历中间环节，这些中间环节包含生产者经营的销售机构、批发商、销售商、代理商和中介机构等。文化产品营销渠道是文化企业将文化产品传递给最终购买者的过程中所涉及的各种中间商的集合。传统商品是从产品生产者向消费者转移，而旅游产品是游客向旅游产品“移动”，因此，旅游产品的营销渠道是旅游产品使用权转移过程中形成的通道。但无论是文化产品营销渠道，还是旅游产品营销渠道，在文化产品、旅游产品流通的过程中，文化企业、旅游企业出售的产品是营销渠道的起点，游客购买文化产品、旅游产品是营销渠道的终点。

① 赵志立，杨江．经纪人教程[M]．成都：四川大学出版社，1996.

通畅的营销渠道具有良好的信息沟通功能，是旅游企业、文化企业与游客信息沟通的“桥梁”。营销渠道中的中介机构在与游客交流的过程中，可以及时地将融合型文化旅游产品的相关信息提供给游客，从而进一步刺激游客的购买欲望。同时，中介机构也可以在与游客交流的过程中，掌握市场需求、产品趋势等动态因素，并及时将这些信息反馈给旅游产品、文化产品的生产企业，便于企业把握最新的市场动态，从而生产出满足游客需要的融合型新产品。但是，目前旅游市场与文化市场尚未得到有效整合，旅游产品与文化产品的营销渠道仅仅承担着各自产品的营销功能，只是起着连接文化消费者与文化企业、旅游消费者与旅游企业的桥梁作用。在旅游产业与文化产业融合发展的过程中，市场融合需要整合传统的文化产品与旅游产品营销渠道，通过整合形成功能更加完善、更加多元的营销渠道，从而促进文化产品与旅游产品、文化市场和旅游市场的融合，推动文旅融合。

2．不合理的竞争手段

目前国内旅游市场和文化市场多种多样，各大旅游企业和文化企业层出不穷，在旅游产业和文化产业融合的发展态势下，旅游企业与文化企业之间的关系也逐渐发生了变化。之前可能是完全没有任何关系的企业，现在面对融合的、共同的市场，旅游企业有可能与文化企业成为同质企业，成为竞争对手。同时随着旅游产业与文化产业融合进程的深入，共同市场在不断壮大的同时，旅游企业与文化企业的竞争也将越来越激烈。

面对激烈的市场竞争，旅游企业与文化企业为了占据更大的市场份额，为了争取更多的企业效益，原本具有一定规模的企业有可能会罔顾文旅融合发展的态势，利用其自身的优势形成市场垄断。市场垄断排斥竞争，将阻碍技术进步、市场多样性发展，其后果是束缚市场功能的发挥，阻碍生产要素在旅游产业与文化产业之间的流动和优化配置，最终阻碍文旅融合发展。由此可见，文旅融合的发展方针需要保持公平、有序、良好的市场竞争，只有这样才能为旅游产业和文化产业的融合提供条件。

在文旅融合发展的态势下，竞争不可避免，旅游企业与文化企业只有积极地参与市场竞争，寻求合理的产品定位、市场定位、企业定位，处理好企业之间的竞争与合作关系，才能不断做强、做大企业。

（三）旅游产业与文化产业的体制障碍

1. 产业管理体制不健全

体制指的是国家机关、企事业单位的机构设置和管理权限划分及其相应关系的制度。我国旅游产业是一个关联性强的综合性产业，涉及国民经济众多行业和部门。在计划经济时期虽然没有文化产业这个名词，但是它早已存在，高度计划性的集权管理严重束缚了文化产业的深度发展。改革开放以来，随着我国社会经济的发展和建设，文化产业的市场环境已经发生了巨大改变，已经逐步建立起文化产业管理体制，但是仍然存在文化事业管理与文化产业管理还未彻底分离、政企不分等各种问题。目前，我国旅游产业与文化产业管理体制尚不健全，一些地区存在条块分割、多头管理、政企不分等问题，还没有建立规模化、统一化、高效性的企业管理体制。加之引入产业融合发展的理念，旅游产业和文化产业因自身管理体制不健全尚存在一些问题，这将阻碍文旅融合发展。所以，想要实现产业融合发展，就必然要让产业管理体制做出改变以适应融合发展管理机制，进一步转变政府职能、理顺政企关系，建立符合市场经济规律的高效行政管理体系，促进旅游产业、文化产业走向大市场、大产业的发展道路。

同时，不同发展时期有不同的产业管理体制。当旅游产业与文化产业处于独立、分立阶段时，各自采取相应的产业管理体制；但当产业融合发生后，原本的产业边界发生变化，这就导致以产业分立为前提的传统管理体制失灵，这时不仅达不到产业管理的目的，甚至还会引起产业发展的混乱。因此，在文旅融合的发展背景下，我国的旅游产业和文化产业管理体制必然要打破传统的分立，做出适应性调整，从而为文旅融合创造宽松的市场环境。

2. 产业融合发展人才短缺

产业变革的载体是企业，而企业的发展需要人才，企业的竞争也是人才的竞争。尽管旅游人才短缺的情况有所缓解，但目前，我国旅游人才整体素质偏低、专业化程度不高，旅游人才队伍稳定性较差。随着我国文化产业的快速发展和经济一体化的全球蔓延，文化产业还面临着缺少人才的问题。旅游产业、文化产业的发展需要大量的高素质人才作为基础资源，如果这两大产业缺乏技术人才，那么在推动两大产业融合发展的态势下，人才紧缺势必会成为产业融合发展的新问题。

文旅融合发展过程中往往需要一些复合型人才，要求他们掌握旅游产业发展规律的同时还要掌握文化产业发展规律，只有这样才能做好旅游、文化产业一体化发展的基础工作。此外，旅游、文化产业一体化发展人才还需要掌握基础服务内容，如管理、教育方面的知识，在具备这些基础知识，熟练基础服务的前提下才可以做好旅游资源和文化资源的整合工作，实现旅游产业与文化产业在产品、企业、市场等方面的融合。目前国内仍缺乏专业的、高素质的从事旅游产业和文化产业相关的技术型复合管理人才，这也导致了文旅融合发展形式较单一，融合发展速度较慢等问题。如何大量培育产业融合所需的复合型人才是目前文旅融合中迫切需要解决的现实障碍。

第三节　文旅融合发展的手段与模式

一、文旅融合发展的手段

（一）文旅融合发展的市场整合手段

市场整合理论是在实践中不断发展和完善的，而旅游市场和文化市场整合理论也在不断演化和发展。文旅融合发展的市场整合手段可以细化为旅游市场与文化市场的空间市场整合、旅游市场与文化市场的营销阶段整合、旅游市场与文化市场的时间整合。接下来将对这三种市场整合手段逐一进行阐述。

1. 旅游市场与文化市场的空间市场整合

旅游与文化结合形成了一个新领域——旅游文化产业，其产品为旅游文化产品。在这一领域，如何定价成为旅游经济学的核心课题。研究旅游文化产品的市场价格如何影响其他相似产品的定价是这一课题的重点。理论上，在完全竞争下，如果两个不同地区的市场进行交易，那么进口地的产品价格将是输出地价格加上运费。如果输出地价格的变动与进口地价格的变动方向和幅度一致，可以认为这两个市场是一体的；如果不一致，产品价格在两个地区将有所偏离，可能导致市场的价格失真。空间市场整合有长期和短期两种：长期整合指两个市场价格长时间保持联系，即使短期均衡被打破，最终会恢复；短期整合体现在一个市场价格的变动会立刻影响另一市场，反映了价格的即时传递和对变化的敏感性。如果一个国家内部的多个市场之间存在这样的关系，可以认为其市场是一体的，反之，未形成整合的市场为非整合市场。但在现实中，没有国家能达到完全的市场整合，这只是一个理论模型。

2. 旅游市场与文化市场的营销阶段整合

营销阶段整合指的是在不同的营销阶段进行整合，主要研究同一商品在某一营销阶段的价格变动对下一阶段价格变动的影响程度。在一般情况下，当消费者需求发生变化时，企业可以通过调整产品的销售价格来适应这种变化，这一过程称为整合。假如某一商品在各个营销阶段的价格都符合“下一阶段价格 = 上一阶段价格 + 营销成本”的标准，那么这些营销阶段实际上是相互整合的。企业可以通过整合不同的营销阶段来达到降低产品成本、提高市场占有率的目的。

3. 旅游市场与文化市场的时间整合

市场时间整合的研究焦点是某一商品的当前价格波动如何影响其后续价格的变动。只有当满足“后期价格 = 现期价格 + 储藏费用”的条件时，才称其为时间整合。

旅游市场与文化市场中的时间整合指的旅游文化产品当前价格波动对其未来价格变动的具体影响。当达到“后期价格 = 现期价格 + 储藏费用”的标准时，就会被视为旅游市场与文化市场的时间整合。

（二）文旅融合发展的营销整合手段

1. 景点营销整合

对于单一的旅游景点，需要在其内部增强旅游文化景点的文化深度，并根据各个地区的独特资源和主要的营销活动来设计各种营销策略。

对于那些在国际上广受认可且知名度极高的旅游资源，如平遥古城、清明上河园、云冈石窟和张家界森林公园等，可以采纳“以大景点为支撑”的策略。在其发展过程中，可以直接将现有的旅游文化资源转化为旅游产品，并确保它们的原始面貌不变，从而打造出高品质的旅游景区，使其成为国际旅游文化体系中的前沿产品。

对于那些已经消失的传统文化，可以根据历史文献，深入挖掘其主题，重塑其历史风貌，并通过人工景观的形式来重新展现民族文化的历史。在旅游开发中利用现代技术手段对其进行复原与重构，让人们能从新的视角去认识、了解它并加以运用。山西襄汾的丁村古村落非常符合这一模式，它通过模仿当时的建筑和民俗，向游客展示了如何利用原始农具进行耕作、如何使用原始的车辆和船只进行运输等，从而重现了古代人类的劳动和风俗习惯，也吸引了大量的国内外游客。

对于某些传统的民俗节日和历史事件的发生地，可以利用具有时效性的旅游事件来构建区域文化旅游活动，并通过这种方式进行整合。在这些旅游事件中，有许多都是以节庆为载体来传播当地民俗文化的。例如，通过组织牛郎织女文化旅游节和峨眉山国际文化旅游节这样的营销活动来进行旅游推广。

文化景点（如包公祠）在旅游旺季，特别是在小长假和民俗节日，可与文化企业合作举办节日庆典。媒体可以加大宣传力度，尤其是弘扬大宋包公文化，利用影视推广增加其知名度。而对于非物质文化遗产景区，应依照其独特性举办文化主题活动。例如，开封的“菊花节”就提升了城市的知名度和形象，吸引了众多游客。另外，开封的电影和电视作品（如《包青天》《少年展昭》）为旅游业带来了巨大的宣传效果。

对于文学起源地相关景点，可运用情境营销策略。在旅程中，为游客创设一种沉浸式体验，仿佛自己成为故事中的角色，体验“角色融入式旅游”。或者结合电影制作，让游客参与拍摄，体验文化，同时提高景区的知名度。例如，《西厢记》的故事发生地永济市、赵氏孤儿故事发生地的阳泉市均可结合当地的文化故事，进行互动式的旅游宣传。这种方式不仅丰富了游客体验，也为传统旅游营销提供了新的思路。

鉴于游客对文化旅游的兴趣增加，需要根据其需求进行文化旅游项目的开发和整合。游客中一般男女比例均衡，这要求在项目规划时平衡考虑双方的需求。如果年轻人和中老年人在游客中占比较大，那么在设计路线时，应满足各年龄段需求，并根据不同人群进行市场推广。从职业角度看，教师、学生和企事业单位员工是主要游客群体，因此，应加强对学生的营销策略，提供更多学术游和探秘游等路线。同时，随着自助游和自驾游的兴起，相关基础设施的完善尤为关键。综上所述，根据游客的个性化需求开展旅游推广是提高效益的关键。

2．区域营销整合

在不同地域间进行营销整合时，应重点融合营销策略和营销专才。从市场定位来看，各地应根据自身特点选择适宜的营销渠道和营销策略。我国拥有广阔的土地和丰富的资源，人口数量庞大。各个地区在经济增长、交通网络和资源配置上都存在显著的差异。为了实现区域营销的整合，应以旅游和文化产业为中心，构建高效的营销服务平台。在营销观念上，各地区都应持有统一的观点，努力将本地区打造为全国的旅游文化中心；在资源的相似和互补方面，应坚守“求同存异”的原则，并通过有效的宣传和促销活动来打造旅游文化品牌；在旅游文化产品的推广过程中，营销策略应与旅游文化产品的创新紧密结合，确保游客能够深度参与高质量的旅游文化品牌，体验品牌的多维度和多元性，同时，通过整合营销策略和设计旅游文化产品，可以满足游客的个性化旅游需求；在市场营销人才方面，需要加强与国内各地的旅游营销专家之间的合作和交流；在营销策略方面，应该学习和应用如分类营销、捆绑营销、有奖营销和季节性营销等创新的营销方法，以确保营销能够产生最大的效益。通过实施这些策略，可以实现营销资源的共享、营销人才的共同创新、营销创意的共同思考以及营销效果的共同认可，最终形成一个全面的营销整合局面。

（三）文旅融合发展的政策整合手段

1. 政策整合概述

（1）符合国家产业发展的重点

考虑到经济产业的特性和未来的发展趋势，加强我国的旅游和文化产业政策整合是与我国政府工作的主要方向。旅游产业和文化产业都是新兴产业，正处于充满活力的发展时期。随着社会经济的不断发展，人们对文化生活的需求也越来越高，旅游产业已经成为国民经济新的增长点之一。国家已经明确将旅游和文化产业定位为第三产业的核心领域，并特别强调在第三产业中积极发展这两类产业。

（2）符合经济发展的客观要求

毫无疑问，旅游和文化产业的增长可以刺激内部消费。考虑到旅游产业和文化产业在扩大内部需求方面的作用，政策整合成了一个不可避免的选项。目前，关于如何扩大国内需求的问题引起了广泛关注。将旅游产业和文化产业视为国民经济的新的增长驱动力，这一观点是基于旅游产业和文化产业在扩大内需方面的潜在能力而提出的。目前，我国旅游产业和文化产业已初具规模并取得了较好的成效，但还存在一些问题需要解决。为了确保我国经济能够快速且持续地增长，加速制定关于旅游和文化产业的政策成为市场经济发展的必然选择和客观需求。

（3）符合旅游业产与文化产业本身的特点

旅游产业与文化产业的结合不仅依赖其他行业，而且与其他行业有着紧密的联系。文旅融合的发展涉及多个部门和行业，这就需要这些部门紧密合作。通常，单一的旅游部门或一个政府层级是无法完全实现这一目标的。因此，需要国家的产业政策进行宏观引导，这也是确保国家能够推动和调节文旅融合发展的关键手段。

（4）政策制定具有现实可行性

现阶段，我国已经具备了制定产业整合政策的充分条件。在这种背景下，应该加快推进我国文旅融合的步伐，促进其快速发展。在实际操作中，我国的旅游和文化产业的发展方向、基本原则和发展趋势已经变得相对清晰，这些有利的环境因素使我国在旅游和文化产业政策整合方面具有现实可行性。

（5）政策制定具有现实必要性

旅游与文化领域的拓展进程相对缓慢，且区域差异明显。许多地区在旅游资源方面的利用并不高效。基础配套设施的不足导致旅游与文化的综合效果未能完全体现。我国旅游领域的独特性和及时应对游客需求的能力不足，且知名品牌和产品相对有限。当涉及旅游与文化的融合时，两者之间的联系并不紧密，这也影响了其在市场中的竞争地位。这两个产业的整合和布局有待深化。在管理层面上，两者仍需加强制度化建设；在政策推进方面，旅游与文化产业的支持策略显然还不够完善，尤其是在融资、技术创新和税务优惠方面。因此，产业融合的制度设计相对滞后，这也加大了旅游企业的资金需求，且对产业的持续壮大造成不利影响。管理旅游与文化的权责机构在执行时往往缺失明确的法律支撑，这也是阻碍产业国际化的一大瓶颈。从法律层面看，我国现行的旅游和文化法规尚不足以满足日益增长的需求。许多地方的法规与其他产业的管理策略交织，使得实际管理过程中很难找到明确的依据。

2. 文旅融合发展的政策整合策略

（1）把握旅游产业和文化产业政策制定的主体

第一，要充分利用政府的领导能力。充分利用政府在指导、引领和提倡方面的能力，为旅游产业和文化产业的持续发展营造一个健康的社会、经济、文化以及自然生态环境。为了确保旅游产业和文化产业能够高效且持续地发展，政府需要对这两个行业进行全面的规划、指导和管理；需要充分利用各级政府部门和职能部门的领导和调控能力，同时也要确保各级政府、企业和市场之间的关系得到妥善处理；还要加强行业内部的协调机制，建立起统一的行业管理体制，并使之成为一种制度安排；明确旅游和文化产业的管理实体和权限，以避免管理上的混乱和产生重复的情况；在此基础上，还必须建立完善的法律法规体系，加强对旅游企业的宏观调控；建立强大的产业管理能力，增加政府的方向性投资，并激发全社会对旅游和文化产业投资的热情。综合来看，政府的有效干预能够使资源得到合理分配，进而确保旅游和文化企业的经济利益得到维护。随着我国在政治和经济体制改革方面的不断深化，由政府主导的产业模式将不可避免地发生转变，逐渐演变为由政府主导和协调的产业模式。

第二，在企业层面，应当针对旅游和文化产业进行结构和体制的调整。与此同时，应鼓励产权制度的变革，释放中小企业的潜力。为适应市场经济的要求，需要重视集团化、专业化和网络化的发展模式，进一步创新管理策略，强化资本投入，提升产业竞争力。为了增强全球竞争力，应吸引外资和社会投资，并鼓励民营资本深入旅游和文化领域，形成多元化的投资结构。依据比较优势的理论框架，需要加速旅游企业的竞争力培养，并提升其竞争意识。

（2）探索完备的旅游产业和文化产业政策体系

为满足市场发展的需求，我国已经制定并不断完善了旅游与文化产业的相关政策，明确了旅游与文化经济的未来走向，并为旅游与文化经济整体提供了指导。目前，我国正在制定一系列涉及旅游和文化经济发展的相关政策法规，以保证旅游业的健康发展。政策主要涵盖了以下几个方面：一是关于产业定位的政策议题。产业定位是确定产业性质、行业范围、规模等的基本原则，也是制定各项具体政策的基础。我们需要明确认识到旅游和文化产业在国民经济中所占据的重要位置，这也是所有具体政策的出发点和基础。二是以产业为导向的政策。以产业为导向的政策就是对旅游产业发展的总体思路、战略取向等一系列重大问题作出全面的规划或指导，也就是说，旅游和文化产业发展应当遵循的基本准则和发展方向。三是关于产业市场的政策议题。这包括旅游业产品结构优化、产业结构合理化、企业组织结构调整以及区域布局等方面，明确并强调以市场为导向的理念构成了市场经济对产业政策的基础需求。四是关于产业的布局策略。产业布局与产业结构具有内在一致性。产业布局宏观调控政策的核心目标和功能主要集中在结构调整和增长模式的转变上。其中涵盖了对经济、产业和产品结构的多方面调整。产业结构的优化调整需要产业政策作引导，并通过各种政策措施进行调控，如加强对资源开发及保护的宏观指导、建立合理的价格机制、实行税收优惠政策以及制定相关法规等。五是关于产业投资的政策议题。旅游产业在我国国民经济中占有重要地位，也是一个朝阳产业，具有巨大潜力。国家应当积极推动社会各领域对旅游和文化产业的资金投入，实施“内外资并用”的政策方针。在加大对文化事业投资力度时，要考虑社会效益和经济效益并重原则，并注意防止过度集中。六是关于产业组织的政策议题。政府要通过对旅游与文化企业的扶持，引导其进行合理分工和重组，提高资源利用效率。国家应当加强对旅游和文化市场参与者的培养，为旅游和文化企业提供一个公正的竞争环境，并采纳与经济特性相匹配的产业组织策略。七是关于产业的保障政策。政府要通过制定法律法规，提供必要的财政扶持等措施，切实维护旅游和文化产业的合法权益，促进我国旅游和文化产业健康有序发展。这是因为旅游和文化产业的政策能否有效执行，在很大程度上依赖于相应的保障措施。

（3）完善旅游产业政策的立法程序

产业政策的制定并不仅是纸上谈兵，而是涉及众多利益相关者的知情、意见交流和权益之争。为确保制定的政策公正、全面且能真正反映多方面的需求，以下几个关键原则必不可少：公开性、透明度、民主性及广泛参与。首先，当前产业政策的制定过程中，某些部门可能会有明显的利益倾向，这可能导致政策过于偏颇。为此，应鼓励多个部门共同参与政策的起草，这不仅可以确保不同的声音得到反映，还能建立起一个健康的利益沟通平台。其次，为保证政策的科学性和针对性，必须进行深入的项目可行性和必要性分析。此外，真正的民主不应只停留在决策者层面，广大公众的声音同样重要。因此，在政策制定之初，关于其背景、意图、目标、预期流程、可能的策略选择以及整体内容等都应当向社会公开，还应提供公众和专家提供意见和建议的途径和机制，并在制定过程中充分考虑他们的反馈。最后，应当注意的是，任何政策都不可能完美。随着时间的推移，可能会出现某些未预见到的问题或缺陷。为此，必须建立一套完善的跟踪和评估系统，以监测政策实施的效果。这样，一旦发现问题，立法机构就能及时进行调整和修正，从而确保法规与时俱进，不断提高其实施效果。

（4）形成旅游产业国际合作与竞争的政策支持环境

随着我国旅游与文化产业在全球的影响力逐步增强，与国际的合作与沟通也愈发深入。我国不仅活跃于全球旅游组织中，更是与主要的客源国之间建立了紧密的联系。这样的国际协作为我国带来了宝贵的经验交流机会，使我国得以吸收外部的优势，弥补自身的短板，为旅游和文化产业的快速发展提供了助力。同时，面对国际市场的竞争，也激发了对更高质量的产业追求，进一步完善了国内的旅游与文化市场体系，为其持续、健康的发展打下了坚实基础。为了更好地参与国际合作，我国需要强化相关的政策支持，鼓励与外国实体的创新合作模式，并为本国旅游业者提供在国际市场竞争中所需的资金、技能和人力资源。同时，旅游与文化产业的政策制定也应反映这一方向，确保其与国际接轨。需要特别强调的是，在拓展旅游与文化市场时必须保持审慎，确保政策实施得当，防止支持不足导致的产业逆风，或是过早步入下坡路。总的来说，在持续推进旅游与文化产业国际化的同时也必须保持谨慎，以确保行业的长久繁荣。

二、文旅融合发展的模式

（一）文旅融合发展的模式概述

1. 旅游产业与文化产业基于概念模型融合模式的界定

在探索旅游和文化产业的融合模式时，需要明确两个关键点：一是同一模式下两者融合的共同特征，二是不同模式下两者融合的要点。以此为基础，本书提出以下关于文旅融合发展模式的定义：当旅游产业的内容超越与文化产业的界限时，我们将这种越界并导致产业链变革、形成新的业态的过程称为“旅游产业主动融合”。此外，当文化产业中的非物质内容超越了与旅游产业的产业界限并重新塑造了旅游产业链，形成了新的业态时，这种情形被称为“旅游文化产业的被动融合”。不仅如此，如果在旅游产业和其他产业的融合过程中，旅游与文化产业的主动和被动融合因素、过程和结果都出现，这种情况则被定义为“旅游文化产业的互动融合模式”。简言之，旅游产业的主动融合重点在于旅游产业如何重新塑造文化产业链，而被动融合主要展示了文化产业是如何改变旅游产业链的。两者之间的互动融合揭示了两个产业是如何共同促进并互相影响产业链的变革的。这种融合模式能使我们更加深入地理解旅游和文化产业是如何相互作用、融合并共同发展的。

2. 旅游产业与文化产业基于概念模型融合模式的作用

（1）体现了文旅融合本质原因、过程和结果的统一性

在对文旅融合模式进行研究时，多数研究者采用的是基于产业融合理论的交叉与渗透方式，以及建立在产业链上的横纵交织和拓展方法。然而，这些方法在考察文旅融合的实质特点时存在局限性，不能深入剖析两者融合的核心内涵。这导致一些融合模式的定义显得模糊，甚至有时会出现相互交织和重复的情况。当我们过于注重形式而忽视了融合的根本时，就可能无法准确捕捉到融合的真实面貌，也无法全面概述整个融合的景象。现有的研究往往只关注文旅融合中的交互方式，却未对融合的最终成果给出明确的定义。真正的融合模式应当全面反映融合的本质原因、过程和结果统一性。而基于概念模型的研究方法更能体现出旅游与文化产业在融合过程中的真正变革和结局。这种方法不仅能明确各种融合现象，还能深入挖掘融合的核心特质。在这一模型下，同一种融合模式背后的旅游和文化产业会展现出一致的本质原因、过程和结果；而不同的融合模式，则展示了两者融合的不同特色和本质。总的来说，基于概念模型的研究途径能够避免陷入形式化的框架，能更准确地概述和解读旅游与文化产业的真实融合特性。

（2）准确识别旅游产业与文化产业的可行性

虽然旅游产业的边界存在模糊性，容易与其他领域产生交叉，但这不表示旅游产业能与每一种产业都完美结合。从概念模型出发，可以明确旅游与文化产业的融合方式。这种融合有时是主动的，即文化产业具有成为旅游文化资产的潜力，吸引游客的特质，然后旅游服务方才在此基础上延展其功能；而有时是被动的，此时旅游产业需要有能力整合文化产业的无形元素，使其深入旅游产业，促成其创新。在制定相关政策时，建议首先鼓励旅游产业与具有高旅游开发价值的文化行业主动融合，同时推动与旅游产业有融合潜力的文化产业进行整合。这种政策方向不仅避免了盲目推进两者融合的风险，还有助于提高融合的效果和质量。

（3）完全掌握文旅融合过程中的改变与被改变

在旅游与文化产业的整合框架中，概念模型强调了两者间多种可能的融合模式。这不仅体现在文化与旅游的相互塑造中，还显示在两者如何共同开发和销售产品的方式上。在主动融合的场景下，旅游产业主要以文化资源为基础，创造并延伸出全新的文化旅游产品。这样的产品再次演变，衍生出更多与文化和旅游相关的产品。这不仅改变了原有的产品开发方式，还实现了从原始业务到更广泛的产业链条的转变。因此，为了响应这种主动的整合模式，应该着眼于这些新型的文化旅游产品，并进一步探索和开发它们的潜在延伸。这将助推旅游产业更深入地影响文化产业，同时加速两者的紧密结合。而在被动融合的视角下，旅游产业需找到一个平台，允许文化产业的特定元素被引入并应用。文化要素的融入能够推动旅游产业的创新并提高其效益。因此，文化元素的应用和整合应被看作是扩大文化对旅游影响的关键手段。在这两大产业互动并融合的过程中，旅游与文化不断地相互塑造、互相影响。为了实现这种相互作用，旅游产业在改变文化产业链的过程中，应该积极依靠相关资源进一步开发新的旅游产品。与此同时，也应该寻求扩展文化产业中的无形资源，为其找到更广阔的应用场景。

（4）重新认识文旅融合的结果

在过去的研究中，文旅融合模式往往未能将融合的最终效果与其背后的过程和驱动因素完整对接，只是简单地描述了新兴产业或创新业态的形成。这种研究方法未能全面揭示在不同的融合策略下，旅游和文化产业可能带来的不同融合结果。实际上，这两大产业的结合模式所带来的创新效果有所区别，并且各自代表了独特的融合成效。若仅从融合成果来分析，可能会对其融合的真实效果有所夸大或误读。为了更加深入地理解这一现象，需要将融合过程和其结果紧密结合，从而能够更准确地揭示各种融合模式下的原因和机制。基于这种概念框架的研究可以使我们重新评估和理解旅游与文化产业的创新融合是如何逐步形成的。例如，在融合的早期阶段，当旅游产业主动与文化产业融合时，主要的创新成果可能是旅游文化产品的诞生；而当文化产业被动地与旅游产业融合时，创新可能主要表现在某些特定功能模块的更新和改进上；而在互动融合阶段，融合的成果既可能涵盖主动融合带来的创新，也可能包括被动融合的成果，形成更为丰富和多元的融合模式。

（5）进一步阐释文旅融合的概念内涵

目前在文旅融合的研究领域，尚未有一个明确的统一概念定义。要真正深入理解和推动这两大产业的融合，需要从其融合的核心理由出发，对相关概念进行深入的解读和重构。基于表面的研究很难准确揭示文旅融合的深层次特质。一个科学、完善的理论模型不仅能够全面概述文旅融合的各种内涵，还可以在实际应用中，为这两大产业的融合现象提供一个分类和解读的框架。有了这样的理论支撑，就可以更为深入地探究文旅融合背后的核心特质，为未来的文旅融合提供更为明确的方向指引。

（二）文旅融合发展的模式

文旅融合一方面是一种独特的经济和文化表现，是这两大产业在到达某一发展阶段后，不可避免地需要进行产业的转型和升级的实际需求；另一方面，随着旅游产业和文化产业在国民经济中地位日益凸显，二者融合也成了我国经济社会发展过程中的一个必然趋势，关于两者的融合模式有很多，本书认为当前流行且切实可行的模式主要有政府引导型模式、市场主导型模式、旅游带动型模式、文化带动型模式和文旅一体型模式。

1. 政府引导型模式

本书认为政府引导型模式主要应围绕政府、政策和环境展开。

（1）转变政府角色

为了推动旅游和文化领域之间的深度融合，政府必须在多个层面上调整其作用与职能。首先，政府应当努力营造一个有利于旅游与文化产业融合的氛围。这意味着要构建有针对性的法律和政策框架，确保知识产权市场得到合理规范和保护。其次，政府需要重新审视与调整对旅游和文化产业的管制策略。这涉及深化对传统管理方式、制度和政策的改革，旨在解决现有的行政控制、部门隔离等问题，从而为两大产业的融合创造更加顺畅的空间。最后，政府还应制定与实施一系列的产业及技术策略，以支持旅游和文化产业的交互与融合。这包含对政府监管体系和策略的进一步改革，重视社会化的监管模式，同时积极推进高端技术的研发和应用，确保其在文旅融合中发挥至关重要的作用。总之，政府在推动文旅融合的道路上，应当发挥指导、规范、激励和推动的综合作用，确保两大产业在相互促进中实现共同繁荣与发展。

（2）提供政策支持、法规保障和管理协调

考虑到政府在文旅融合过程中所展现的各种功能，本书提出涵盖多种视角的策略支持框架。

一是政策支持方面。为了推动旅游和文化产业的协同发展，政府需搭建相关平台，提供有利的政策环境及资金援助。首先，要着重创建旅游基地，如建设创意文化园，组织各类文化艺术盛典，为两大产业的融合提供强有力的支撑。其次，需要出台刺激性政策，如开发与土地使用、税务减免等相关的鼓励政策，以确保两大产业能够共同发展。最后，资金方面，政府不仅要集合各种资金，更要强化资金的管理和运用，如建立产业整合基金、会展活动基金、影视旅游基金、表演艺术基金和电商旅游基金等。

二是法律保障方面。以文化创新与旅游产业的共生为例，这种整合需要通过创新思维来实现资源配合、主题构建和产业革新。由于其创新性高、易于被模仿，法律应确保这些创新成果得到充分保护。具体来说，除了对原创成果进行保护，还要对其延伸的各类知识产权、版权、专利和商标给予法律保障。只有在这种法律环境下，政府才能为文旅融合提供一个稳定的运营与发展平台。

三是管理协调方面。政府在文旅融合中应起到“桥梁”作用。第一，政府须梳理现行的管理体系，避免行业之间的重叠管理和界限模糊，如对旅游景区的多方管理应进行整合，摒弃那些阻碍两大产业融合的不合理规定。第二，政府需要考虑重新构建管理架构，加强对两大产业的统一指导。例如，可以从多个相关部门选调精英组成一个新的团队，对于旅游与文化产业的整合项目进行一体化的规划、批准、管理和服务，确保为两大产业的和谐发展提供最大的便利与保障。

（3）形成产业融合共识，营造发展环境

在旅游产业日益跨界、产业新颖融合、客户需求持续变迁，以及面对各种挑战的大背景下，行政管理部门必须达成一个明确的共识：文化和旅游两大产业是相互促进、相辅相成的。文化产业能够为旅游产业注入新的活力，而旅游产业则能助推文化领域的广泛传播和影响。这种产业间的融合，是它们逐步发展、转型和跨越的关键因素。

基于这样的理解和观念，我们需要为文化与旅游两大产业的融合打造一个有利的生态环境，要激发创新的思维模式，鼓励各大企业进行合作，并依赖先进的网络技术，为这两大产业搭建一个涵盖信息、交流、营销、商务、交易五大核心功能的综合性平台。这不仅能为两大产业创造直接的合作机会，也会为旅游产业带来更多独特且具有核心竞争力的文化旅游资源，使得两者能够和谐并进、共同繁荣。

从旅游发展的立场出发，虽然经济效益是其主要关注的方向，但过分追求利润往往会牺牲游客的旅行体验，并可能伤害宝贵的历史文化资产。政府部门应该主张以游客为中心的理念，以优化其旅游体验为首要任务。同时，借助旅游产业的崛起来弘扬和保护民族文化，这不仅是一种可取的策略，更是对未来的负责。在此过程中，必须确保文化的真实性和纯粹性不受损失。在旅游与文化的深度融合中，政府应当起到守护者和协调者的角色，平衡文化的保护与商业价值的发掘，从而使产业得到健康的经济回报。旅游的核心是游客，政府部门还要引导他们正确认识和欣赏旅游目的地的文化，并在此过程中培育他们对文化遗产的尊重和保护意识。为此，一个有效的旅游解说系统显得尤为关键。翔实的解说能使游客了解并欣赏文化的魅力，从而达到传承和保护文化的目标。

2. 市场主导型模式

（1）提高大众认知力，引导旅游消费

在当前旅游消费需求持续增长的大背景下，对旅游和文化产业来说，培育具备一定规模和质量的消费者群体不仅有助于拓宽基础消费市场，还能引导其参与到创意生成和生产转化过程中。因此，如何有效整合资源，实现旅游产业与文化产业良性互动发展是值得研究的问题之一。为了确保文旅融合能够持续、健康和稳定发展，在当前已经融合的旅游和文化产业领域内，有两种方法可以吸引更多的游客。

第一，需要提高公众的认知水平，并增加他们对旅游文化产业的认同度。随着我国网络技术的飞速发展和民众生活品质的持续提升，网络服务逐渐被视为培育广大旅游爱好者的关键手段，这在提高旅游创意产品的认知和接受度上起到了重要作用。同时，旅游文化也是旅游产业中不可或缺的重要组成部分，旅游文化在旅游产业的发展中起着至关重要的作用。因此，旅游和文化产业可以与新闻出版社和印刷服务行业合作，通过构建数字广播电视信息平台、博物馆、虚拟图书馆、数字电影播放网络系统以及文化旅游在线高峰论坛等先进科技手段，远程为游客提供指导。在这样一个全新的视角下，将传统的以文字为主要传播内容的宣传推广模式转变为以数字化为主要形式的全方位、深层次的新模式。这一策略在很大程度上加强了游客对于国内的历史和文化特质的认知，同时也加深了他们对旅游文化产业的了解，为旅游和文化产业向多样化和普及化方向发展注入了强大的动力。

第二，需要深入了解游客的需求变动，并设计出与他们的心理需求相匹配的旅游文化产品。推动旅游文化产业的发展实质上是通过激发旅游文化消费的需求来推动新消费领域的拓展和新消费群体的培养，从而达到通过更深层次的旅游消费来促进经济持续稳健增长的长期目标。从目前来看，我国传统民族文化旅游产品和项目的创新还存在着一些问题，如缺乏对游客心理需求的准确把握以及旅游产品与市场脱节等现象。因此，在开发国内新型旅游文化产品和项目时，应该站在游客的立场上，根据他们的需求和认同感的不同，有针对性地设计和生产各种不同类型的旅游创意产品。在内容设计上，可以通过融合两大产业的资源和创造旅游文化的氛围来设计、生产和推广融合了文化、艺术、实用和附加价值的旅游商品、工艺品和纪念品。从形态上看，通过对博物馆、环城公园等充满历史和文化韵味的场所进行改造，并结合创新思维和先进技术，构建一个融合旅游观光、休闲社区等多种元素的创新旅游产业模式，能更好地满足游客日益增长的需求，还能为企业开辟新的消费市场，从而创造更高的产业价值。

（2）开发文化旅游产品，挖掘文化旅游需求

随着旅游市场的持续扩张，将文化产品引入其中，有助于持续地推广和宣传这些文化产品，从而促进文化产业的快速增长。在这样一种情况下，文旅融合就形成了一个全新的产业链条，这便是人们常说的产业整合。旅游产业和文化产业之间存在着相互渗透、相互促进的关系，两者在生产过程中都会涉及一些文化元素，因此可以将二者进行融合。在这个过程中，要注意到旅游和文化产业都具有各自不同的特点和优势，两者结合起来就会产生更多的效益。在文旅融合过程中，必须依据市场需求，识别出融合的有利时机，以最大限度地发挥市场在资源配置方面的作用。我们要找到一个新的发展方向，这个方向必须能够符合人们对文化消费日益增长的需求，而不是靠资源扩张来拉动经济增长。只有那些以市场需求为导向的产品才能在消费市场中存在，这样的产品才能真正满足游客的期望。

由于旅游文化产品的消费主要集中在观念和价值上，因此被视为精神需求的产品。游客在享受旅游带来的快乐与满足的同时实现着自我发展的需要。游客的心理需求具有巨大的发展空间和可能性，这正是马斯洛需要层次理论所强调的核

心观点。旅游文化产品作为一种特殊的“符号”产品，它在满足人们对物质需要和享受精神生活方面具有不可替代的作用。因此，在设计和生产旅游产品时，应从游客价值创造的视角出发，最大限度地考虑、激发和深挖旅游文化的需求变得尤为重要。在满足游客物质层面需要的基础上，还应注意提升游客的精神生活水平。此外，根据游客的不同需求和价值认同，应该有针对性地研发旅游文化产品或创意旅游小品。通过不断地创新旅游文化产品，可以激发游客的潜在需求，从而实现创造新的需求和获得新的财富的双赢目标。

3. 旅游带动型模式

融合模式在旅游领域主要体现为两种：一种是主动融合，另一种是被动融合。当谈及旅游与文化产业的共同发展时，通常是指主动融合的方式。首先，要理解主动融合背后的核心原动力。旅游服务经常突破传统的产业界限，寻求与其他产业资源的结合，为了能够实现这种结合，目标产业必须具备某种实物资源作为载体。只有这样，旅游这一无形服务才能与这些实物资源紧密结合，进而引发目标产业在其产业链和功能上的变革。其次，在主动融合的早期，旅游产业会利用已有的资源要素，创造出创新型的旅游产品。随着这些产品数量的增多和质量的提高，更多的衍生产品也应运而生，这些产品往往满足了游客的多种旅行需求。在此过程中，原先的产业链经历了一系列变革，尤其是在产品生产、资源利用和销售各个环节，导致原有产业功能得到重新定义，从而孕育出全新的旅游业态。最后，旅游产业在主动融合的初始阶段，主要集中在推出新的旅游产品上，但随着时间推移，焦点逐渐转向如何创新旅游业态。这些新型的旅游产品和业态不仅能为旅游产业带来丰富多样的选择，还能打破过去对于旅游资源开发和规划的传统观念。

（1）改变旅游资源观，鼓励旅游产业与文化产业主动融合

当旅游产业与文化产业合并时，文化产业应该拥有可开发和能带来经济效益的特色。只有这样，旅游产业才能将其视为一种资源，进而为文化产业提供相应的服务。目前，各地在文旅融合中都展现出了活力，从传统的农业和工业旅游到旅游地产、演艺、电子商务等，这些都是文旅融合的典范。在这个进程中，国家也在鼓励文旅融合，但在选择融合对象时必须谨慎，确保每一步都基于合理的理论。同时，政府也应调整其资源管理策略，重点关注游客的需求，将传统的观光旅游转变为休闲和体验旅游。只有深入理解游客的需求，才能创新旅游资源的管理和使用方式，从而更好地推动文旅融合。

（2）开发旅游相关产品，创新旅游服务

在文旅融合的过程中，旅游服务的创新是关键。旅游和文化企业应在文化资源的基础上推出新型的旅游产品。此外，再基于这些新产品不断地开发出更多相关产品，这样可以更好地实现两个产业之间的无缝连接。例如，在农业文化与旅游融合的情境下，餐饮产品可以以绿色食品为主，住宿则可以展现乡村的魅力，商品销售也应重点展示农业和手工艺的特色。这样，旅游产品不仅能够展现其独特性，还能满足游客的多样化需求。

（3）因地制宜，制定有针对性的融合策略

在制定文旅融合的策略时，政府应当全力推进并提供明确的指导，同时也必须充分考虑各地的特色和时机选择。文旅融合不是单纯的混合，而是需要基于文化资源的深度和丰富度进行选择。我国的每个地区都拥有其独特的文化遗产，但这并不意味着每个地方都适合进行文化和旅游的深度融合。以近些年海南省和青海省旅游业情况发展为例，海南省成功将博鳌亚洲论坛与旅游相结合，创造出了一个独特的融合模式，而青海省则聚焦其天然的风景资源，发起了环青海湖的自行车比赛，成功将体育与旅游相融合。这两个案例都表明，文旅融合应当基于各地的优势和特点进行。因此，当我们思考如何将文化和旅游融合时，应先对各地的文化资源进行详细的评估，找到最适合与旅游产业融合的部分。然后，根据这些资源的特点和地区的优势制定出有针对性的融合策略。这样，既能确保文化资源的保护和传承，又能够充分挖掘其在旅游产业中的价值，实现双赢的局面。

4. 文化带动型模式

（1）文化旅游节庆会展融合模式

文化旅游节庆会展融合模式指的是在紧密相连的多个产业中，原本独立的产品或服务在某种共同利益的驱动下，通过节庆会展的方式重新整合为一个整体的融合方式。这种新型的融合模式不仅能够促进当地旅游业发展，还能带动其他相关产业的进步，进而使整个区域经济得到进一步提升。文化旅游节庆会展融合模式的一个显著特点是利用节庆和会展活动来实现两者的有机结合，主要通过各种节庆展会平台来吸引大量的人流、物流和信息流，从而激活举办地的旅游经济活动。近年来，我国各地纷纷掀起了发展文化旅游的热潮。例如，丹东中朝经贸文化旅游博览会已经成功举办了两次，该博览会主要分为商品展示交易、国际经贸论坛、文化交流和旅游合作四大部分。朝鲜民族艺术团为博览会贡献了一场艺术盛宴，朝鲜的人民艺术家创作的美术作品也参与了展览，而来自朝鲜的优质美食更是让人们大饱口福。此次博览会还推出了工业旅游的新项目，允许游客亲身体验手表的制作过程，为丹东的旅游产业带来了新的看点。通过举办展览会，丹东向外界展示了朝鲜的文化和风俗，同时也提高了丹东在国内外的知名度。

（2）文化驱动旅游融合模式

文化驱动旅游融合模式是一种以文化发展为核心目标，并以创新文化元素的旅游产品作为传播媒介的综合模式。通过以文化为驱动力的融合方式赋予旅游产品全新的精神价值和更高的市场竞争力，从而构建了一个全新的、融合型的产业结构。

文化驱动旅游融合模式被严格限制在文化产业和旅游产业的范畴内，以文化产业为主导，将文化创意产业扩展到旅游产业。文旅融合如今成为一种新趋势，也是未来世界经济增长的动力之一。例如，1998 年亚洲金融危机给韩国带来巨大打击之后，时代总统金大中在紧急情况下提出了以“文化立国”为核心的救国策略。在韩国，文化产业通常被称作内容产业。从内容产业开始复兴的那一刻起，韩国就把文旅融合作为发展的起点。韩国政府将文化产业和旅游产业的管理权集中在文化观光部，并下辖宗教室、文化产业室、艺术局、观光局和体育局等多个部门，基本上覆盖了文化产业和旅游产业的各个方面。凭借其文化立国的策略，韩国的旅游市场展现出了旺盛的活力，这使得韩国的文化在全球，特别是亚洲地区广受欢迎，韩国的文化吸引力为其旅游业带来了巨大的推动力。

（3）文化旅游圈融合运作模式

这种经营模式是一种高度集约化的开发方式，旨在实现最优的经济、社会和环境效益。它以文化旅游资源为中心，形成了一个具有特定地理范围的合作和集聚区域。这个区域对文化和旅游要素进行了有机的整合和包装，然后通过特定的载体向游客进行集中展示。其最终的发展目标是实现本地文化旅游圈内的交通和通信网络化，集约化地开发和利用文化旅游资源，规模化地发展旅游经济，以及规范化地接待游客。例如，文化主题公园、文化旅游村和文化博物馆就是采用这种模式的例子。在此基础上建立起一个包括规划管理、基础设施建设、产品开发与营销以及相关配套服务在内的一体化运作体系，从而形成了完整而高效的文化旅游产业集群式开发模式。这种模式的成功实施将有助于更好地整合旅游圈内的文化旅游资源，推动圈内各个功能区的旅游功能变得更加合理，实现从文化旅游资源优势到文化旅游竞争优势的转换，这对于拥有丰富文化旅游资源的地区来说是最佳的选择。目前国内许多知名景区在这种新的开发思路指导下取得了良好效果，并形成了各自独特的文化旅游品牌。例如，张家界以民族文化为基础，创作了大型的歌舞史诗《魅力湘西》。通过独特的文化创意策划成功吸引了全球的关注，并被列入国家文化产业示范基地的名单，被誉为旅游文化演艺的经典之作。同时，作为国家级非物质文化遗产项目，其在发展过程中也得到各级政府的大力支持和社会各界的广泛关注。这一事件象征着张家界的武陵源风景区作为世界自然遗产地，其文化旅游产业已经步入了一个全新的发展阶段。

5. 文旅一体型模式

文旅产业的一体化融合意味着在特定的空间范围内，旅游和文化企业通过产业规划、发展、产品、服务设施、市场和管理等多方面的一体化手段实现产业的相互融合和发展。这种融合方式既可以形成一种新的经济形态，也能使文化资源得到有效整合。

文旅融合主要源于旅游服务和文化产业中的无形元素，以及这些元素在文化产业中的实际应用和进一步发展。在文旅融合过程中，只有当这两个产业都受到软要素的推动时，才能通过软要素的扩散来改变被融合的产业。同时，这两个产业之间需要有紧密的联系，这样无形要素才能在其他产业中得到应用和传播。

文旅融合促成了产业间的互动和变革，从而带来了更多的创新机会。文旅一体型模式结合了主动与被动两种方式，达到了旅游产业与文化产业链共同创新的目标。在当前的旅游产业融合实践中，这种融合主要体现在旅游产业与文化产业的相互融合上。创意产业作为一种新兴产业，在旅游产业的发展过程中起着重要作用。在实际中，尽管创意产业和旅游产业的结合呈现出某种程度的融合特点，但在实际的发展过程中，这种融合并没有得到明显的体现。

在全国范围内，文化产业与旅游产业正在经历一体化的融合发展。在政府的积极推动和引导下，各地的文化产业已经初步形成了以国家级文化产业示范园区和基地为龙头，以省市级文化产业园区和基地为骨干，以各地特色文化产业群为支点的共同推动文化产业快速发展的格局。从宏观角度看，在文旅融合发展的大背景下，各个地区需要根据自己的资源、地理位置和市场特性，深入思考自己的定位和文化产业的布局。各地区应该努力创造一个错位发展和优势互补的模式，选择产业差异化的发展路径。这意味着要确定旅游和文化产业的核心，以产业为主导，以产品为焦点，并通过制定科学的规划和有利的政策来推动这两大产业的融合发展。为了更好地构建文旅一体型模式，可以从以下方面着手。

（1）强化政府职能，为文旅一体化融合提供政策保障

文化产业和旅游产业是两个具有强烈带动作用、高度关联性、广泛影响力以及高度体验性和参与性的多功能产业，其持续发展需要政府的高度关注和相关政府部门的强有力支持。目前，在我国，历史原因以及其他方面的因素影响导致文化旅游资源开发滞后于旅游产业的整体发展水平，严重制约着当地社会经济的全面协调可持续发展。面对这种情况，政府需要深入了解并增强政策支持，以促进文旅融合发展，确保旅游文化迅速成为地区经济增长的新焦点。首先，政府相关部门需要高度关注旅游和文化产业的持续发展，制订具有前瞻性和科学性的长期发展计划，为旅游和文化产业提供明确的指导方针。例如，在旅游文化经济的大背景下，可以建立专业的产业发展机构，并推出相关的产业培养和促进政策，以促进文化资源与旅游产业之间的跨部门和融合式的发展。其次，旅游文化企业应该注重创新，通过加强人才培养，提升自身实力和竞争力，增强市场竞争能力。此外，在开发新的旅游文化产品时，需要大量的资金投入。各级政府部门应该提供一定的财政和金融支持，逐步增加政府的引导性投资，协调旅游相关部门的参与，发挥市场机制，不断改善发展环境，通过多种途径增加旅游产业的投资，优化融资环境，拓宽融资渠道。同时，要加强对文化和旅游企业的监管力度，防止文化旅游企业过度开发和经营活动中出现损害公共利益等问题。最后，政府的相关部门也应该积极支持旅游和文化企业进行技术更新和技术创新，以解决企业面临的各种问题，实施发展计划，并优化旅游和文化产业的发展环境。

（2）加大宣传力度，营造文旅一体化融合的氛围

加大对旅游的宣传力度是旅游产业持续发展和生存的关键策略。随着我国经济快速发展和人们生活水平的不断提高，人们对精神文化需求日益迫切，而旅游作为一种高层次的休闲方式越来越受到人们欢迎。缺乏文化创意活动的市场推广将无法吸引游客。因此，在进行旅游开发时需要注重对传统文化资源的保护，并将其与现代旅游相结合，使之形成新的旅游产品。为了促进旅游产业与文化产业的有机结合，有必要加强对旅游文化景区整体形象的推广，以便吸引更多的观光客。为此，要在旅游景区中成立专门的旅游文化协会来进行宣传，要充分利用旅游文化协会的组织能力。旅游景区是由不同地域的人组成的群体，有共同的生活方式、价值观念及行为准则等，因此需要通过各种手段来提升自身在社会公众中的影响力和美誉度。旅游文化协会能最大限度地发挥其服务和协调的作用，举办旅游文化讲座，并为行业提供最新的发展趋势；构建旅游文化信息的网络平台，推广和宣传各种文化旅游产品，并向游客提供相关的信息服务；在质量监管方面

提供协助，协助会员制定行业规章和约定，并确保其得到遵循，这将有助于推动旅游和文化产业的新成果得到更广泛的应用。此外，要加强对旅游文化资源保护与开发利用的研究，制定相应法规政策，以促进旅游产业持续健康发展。旅游文化是一种特殊的精神文化现象，它需要借助一定形式传播出去，才能获得广泛的认同与欢迎。因此，应当合理运用各类媒体资源。旅游文化的推广和发展离不开各类媒体的积极宣传，从传统的纸质媒体、广播和电视到新兴的网络信息服务媒体，媒体在旅游文化发展过程中的关键角色越来越明显。电视、报纸、杂志以及新媒体的运用都能给旅游产业带来巨大效益，如借助影视传媒进行广告营销、举办大型活动和节庆活动、建立网站等。例如，湘西永顺的王村因为电影《芙蓉镇》而变得出名；《印象 · 刘三姐》这部山水实景表演将阳朔塑造成了一个真正的旅游胜地，极大地促进了广西旅游文化产业的繁荣和发展。同理，其他的旅游文化区域也可以通过电影或宣传短片等多种媒介手段来传播其独特的文化吸引力，并进一步推广这些具有特色的文化旅游产品。

（3）优化产业结构，加快文旅一体化融合的步伐

产业结构的合理化描述的是产业与产业间协同发展能力的增强，以及它们之间联系水平的持续提升。目前我国文旅融合程度不高，主要表现为旅游业内部各行业间不协调，以及旅游业与文化产业的关联度较低。为了加速旅游和文化产业之间的有机结合，有关部门需要对旅游和文化产业的运营和管理进行进一步的规范，并对旅游文化产业的构成进行优化。目前我国旅游文化产业的内部结构还不够合理，主要表现为旅游文化内涵不丰富、旅游业态单一、产业链短等。在对旅游文化产业结构进行优化的过程中，需要基于现有的旅游文化资源、当前的开发状况以及所面临的挑战等实际因素，确保旅游文化能够成为推动区域经济增长的新兴产业。其核心思想是，从旅游文化的空间布局、产品设计以及目标市场结构等多个角度对旅游文化产业进行全面的战略规划。其中，旅游文化空间格局是最重要也是最具决定意义的内容之一，它将影响整个旅游文化产业体系的运行效率和效益。在考虑旅游产业的空间布局时，可以在文化旅游圈的基础上，全面思考与文化旅游产业发展相关的多个部门，如旅游和文化产业，从而加快各部门之间的融合，构建一个完整的产业链条。同时，还应当注重各地区内部的协调和平衡，从而达到整体效应最大化。在规划旅游文化产品的结构时，除了维持传统的旅游产品，更重要的是要塑造旅游文化产品的独特性，使其成为旅游文化产业的象征。在构建旅游文化目标市场的结构时，应该创建新的旅游文化产品的销售通道，以形成一个统一的旅游文化市场。

（4）完善经营管理机制，提高文旅一体化融合的效率

一个科学而完善的经营管理体系能够显著提升旅游文化开发商或经营实体等各利益相关方的管理效能和决策执行速度，同时也能提高文旅一体化融合的效率，从而增强旅游景区的市场竞争力。当前我国旅游产业正处于转型升级阶段，旅游文化产业的建设也进入了关键时期，如何进一步加强旅游文化产业经营管理成为一个重要课题。为了优化旅游文化产业的运营和管理体系，最关键的步骤是针对市场需求，加速文化旅游开发商和经营实体的体制改革，以及旅游文化景区管理体制的创新，并依据市场操作准则来引导旅游文化产业的持续发展。为了加速相关旅游文化开发商或经营实体的体制改革，需要根据现代企业制度的规定，构建一个统一、开放、竞争有序的现代文化市场体系，并推动国有旅游文化开发商或经营实体进行改革和重组，以增强其在市场上的竞争力。同时，积极支持这些中小旅游文化开发商或经营实体朝着更加专业化和市场化的方向发展。在国有旅游文化公司的监督管理方面，要进一步完善国有旅游文化公司产权制度，建立健全激励约束机制，强化国有资产监管力度，提高国有旅游文化公司资产营运效率。例如，为了加速旅游文化景区的开发和管理体制创新，需要继续研究如何按照政企分离、事企分离、所有权与经营权、管理权分离的原则来运营旅游文化景区。同时，推动旅游文化景区开发管理体制的创新，并通过独资、外资、合资、租赁、承包和出让开发权等多种方式，吸引各方投资者参与文化旅游的经营活动。此外，还需要平衡地方的利益与外部企业之间的关系，确保所有的文化旅游企业都能在一个公平的竞争环境中发展。

第三章　文旅融合背景下旅游演艺产业发展

本章为文旅融合背景下旅游演艺产业发展，主要包括三节内容，依次是旅游演艺概述、基于文化元素运用的旅游演艺项目分类、文旅融合背景下旅游演艺舞台艺术繁荣的现实路径。

第一节　旅游演艺概述

一、概念解析

（一）旅游演艺的概念

文艺演出由最初的大大小小的演艺剧场到公园演艺再到景区景点的文艺演出，逐渐发展成了现在具有完备体系的旅游演艺产业。由于各个地区的文化不同，对演艺事业的叫法也各不相同，但是总体所要表达的内容是统一的。有很多专家从专业的角度对旅游演艺这个词做过具体的分析。例如，有学者认为旅游演艺可以分为好多种，其中还包括都市型艺术。都市型艺术就是在大城市举办的用于娱乐休闲的特色文化活动，供广大人民群众消遣。而这种艺术的表演形式大部分与音乐、舞蹈相关，其中掺杂着戏曲的元素，是以公演的形式呈现在大众面前的。从公演的角度来分析，这种表演既可以由国外引进，也可以由本土的表演自由发展而成。它可以在城市中的闹市区进行，也可以在郊区进行演出，场地不限。因此，都市型艺术主要包括演出者、观众和演出场所等几种元素。由此可以看出，都市型艺术和旅游演艺也是有明显的区别的（见表3-1-1）。

表 3–1–1　都市型艺术与旅游演艺内涵比较

项目	都市型艺术	旅游演艺
客源市场	当地居民＋游客	游客为主
活动定位	城市文化活动	旅游文化活动
演艺主题	多元文化	地域文化
演艺地点	覆盖中心城区众多剧场	旅游景区广场专用剧场
演艺节目	丰富多彩	单一剧目
观众选择性	选择度大，非旅游必选项目	选择度小，编入旅游行程
演出周期	单体剧目、演出周期短、各类演出遍布全年	单体剧目、演出周期长、一台演出、一日多场
旅游吸引力	可成为独立旅游产品，直接诱发旅游动机	基本上是从属旅游景区的旅游产品
辐射影响力	国内外广泛交流，输出、引进并举	大多数演出被固定在旅游景区
资源依托	丰富，城市经济、文化、社会资源	单一，旅游资源为主

（二）旅游演艺的界定

在旅游业与演出艺术交汇的时代背景中，一个新兴的概念——旅游演艺逐渐崭露头角。这种形式主要是将前来参观的游客作为观众，而其主要的展现内容则是基于当地的文化特色。这样的演出大多数时候是在旅游热门城市或者著名景点以及其周边地区进行的。这不仅为当地的旅游业带来了新的生机和活力，而且也为游客提供了更为丰富的文化体验。要真正理解旅游演艺这一概念，首先要知道它具备的特殊属性。例如，它通常拥有专属的演出场所或剧院，与常规的旅游项目不同，它有独立的票务系统，而且是定期举行的公演。此外，旅游演艺往往是以企业化的模式来运营，这确保了专业性和持续性。总的来说，旅游演艺是旅游与演出产业交融的产物。它不仅为当地经济带来了利益，更重要的是它为游客打开了一扇了解和体验当地文化的窗口，丰富了他们的旅行经历。

旅游演艺的概念需要从以下几个方面进行理解。

第一，旅游演艺是基于广大人民群众的旅游行为而产生的。它跟旅游景区之间是相辅相成的。旅游演艺产业的发展必须依托当地的民族特色以及旅游景点。因此，旅游演艺产业的发展跟当地景区的发展关系十分密切。同时，旅游演艺产业对整体旅游产业链的带动性也非常强。

第二，旅游演艺产业发展至今，其规模有目共睹。在整个演出过程中，从公演到演员再到剧场的规模，都算是比较大的。每一场的表演都分为很多个场景，以及在不同场景下发生的故事，在不同的故事下，主人公是怎样的心情。在这样特定的演出中，演员一般都在 30 人以上。公演的时间大部分也在两个小时左右，不仅不会使观众感到疲劳，而且还在有限的时间内能够做到使观众心潮澎湃。其中有一部分景点采用了“迷你秀”的形式，它不属于旅游演艺的范围，如清明上河园中的梁山好汉劫法场以及欢乐谷中的滑稽演员进行的表演等。这种演出只是为了吸引游客而举办的，它们不算是旅游产业链中的一分子，更不会像旅游演艺产业一样带动更多的游客前来游玩。

第三，旅游演艺的发展是非常稳定的，每年都有固定的时间来进行演出。工作人员只在固定的时间进行表演，再去除恶劣天气下不得不中断演出的情况，所以说从事旅游演艺文化事业的工作人员的收入非常稳定。

第四，旅游演艺应该有固定的演出场所或者演出剧场，而不是在野外临时打扫或者是临时搭建的室内影棚内。在没有特殊情况下，演出场地尽量不要频繁更换。旅游演艺与其他的公演不同，其他的公演有巡回演出，范围辐射到了全国或者全世界，走到任何一个地区都是短暂性地停留，他们的演出场所是流动的。

二、国内旅游演艺发展概况

我国的旅游演艺事业发展主要分为四个阶段，具体包括发展初期、起步阶段、发展阶段以及扩展阶段。发展初期大概从清朝末期到 1966 年，起步阶段是从 1967 至改革开放前后，发展阶段是从改革开放前后至 20 世纪结束，扩展阶段是从 21 世纪初至今。到今年，旅游演艺产业这个词对于人们来说已经不陌生了，而且旅游表演、旅游演艺的频繁出现，也改变了人们对旅游产业链的认识。

改革开放以后，我国的旅游演出事业开始迅速发展。以西安为例，当地创造出了多种元素结合的舞台表演，打开了我国旅游演艺产业发展的大门。西安首先运用了歌曲、舞蹈诗歌相互结合的表演形式，迈出了具有划时代意义的一步。在发展初期，西安经常作为中华文化的代表，在国家领导人会晤时进行演出。可以说，西安的旅游演艺产业为未来的旅游演艺发展奠定了良好的基础。20 世纪 90 年代初期，由四大名著改编的电视剧受到了人们的热烈欢迎，由于《三国演义》的故事深入人心，所以电视剧的剧情也是深受广大人民群众喜爱，于是无锡针对这种情况推出了《刘备招亲》《空城计》《三英战吕布》这一类的演艺节目，受到了大量游客的赞赏。到20世纪90年代中期，深圳也开始投入大量的精力，创办了很多的歌舞类节目，在当时也是非常出名的，后来杭州成立了《宋城千古情》舞台剧场，引起了不小的轰动。2004年，张艺谋导演的团队打造的《印象·刘三姐》，在桂林的阳朔上演，开创了实景表演的先河。该表演以大自然真实存在的山和水为演出背景，将观众席设立在大自然中，表演者在大自然的舞台下进行演出，吸引了众多的游客。可以说，《印象·刘三姐》是一项大投资、大制作的旅游演出作品，其每年的演出收益十分可观，在我国的旅游演艺产业发展中处于领跑地位。

（一）景区广场类旅游演艺

旅游演艺产业也包括娱乐型观光艺术，这一类艺术形式主要是主题公园。广大游客既可以在主题公园中唱歌也可以跳舞。最近几年，广场舞的发展十分迅速，其受众群体主要为50岁以上的女性，她们经常在公园或者广场上放一个蓝牙音响，在背景音乐的带动下摆动自己的身体，使自己沉浸在歌曲中。广场舞不仅有利于身心的放松，对身体健康也是十分有利的。比如，深圳的世界之窗是广场舞旅游表演艺术的代表，这种节目以现代化的视听技术为基础，在精妙绝伦的舞台下进行表演。再如，中华百艺盛会巡游演出，这样的演出一般都在旅游广场进行，常见的题材也有很多，如古代流传的神话故事以及西方的童话故事。

（二）剧院类旅游演艺

这种类型的旅游表演项目主要以杭州的《宋城千古情》和昆明的《云南映象》为代表。剧场是旅游演艺项目中最重要也是最能体现艺术魅力的场所之一。剧场作为一种传统的公共表演形式，其空间相对舞台旅游的实际演出来说较小，为了实现梦幻般的视觉体验和强烈的视觉冲击，剧场主要致力于舞蹈美学的设计，并在多媒体视听技术方面投入了大量资金。杭州宋城大剧院引进了美国“梦色”激光系列全彩激光设备，利用激光进行表演，还引进了美国室内水幕喷头，在剧场里形成了一片云雾缭绕的景象。为了获得更好的写实效果，其还引进了世界上最先进的电脑灯，以传统的大面积扩散、高亮度的灯光配置模式，创造出一种强调重点、虚拟化、触发氛围的效果。除了效果更高的灯光，剧场还有多行筒灯，随着剧情的变化，灯光效果如魔法般强烈。最具创意的是采用了最先进的百米旋转屏幕设置，不仅能够改变场景，同时也能增强景观效果的流动性。《魅力湘西》是张家界旅游区的特色戏剧演出，深受游客喜爱。为了更好地服务游客，运营方特地打造了湘西大剧院这一文化艺术的殿堂。该剧院占地达 31.22 亩（1 亩 ≈ 666.67 平方米），座席容量高达 2800 个，展现了强大的接待能力。同时，为了确保观众获得最佳的观演体验，剧院重点在灯光、音响和舞台机械设备上投资。随着时间的推移，《魅力湘西》在继续传承原有魅力的同时，也逐步实现了创新和转型。运营团队不仅保留了传统的元素，更是在此基础上额外投入了大量资金，对多个关键部分如舞台、灯光和音响进行了全面的升级和改造，旨在为观众带来更为震撼的视听盛宴。尽管园区内的文艺旅游演出人数目前还不如布景和旅游表演的观众多，但由于《魅力湘西》不受限于特定的自然环境，这为其带来了更多的演出机会。除了在景点内的大剧院为游客献艺，该演出也常在景区之外的其他剧院上演，以满足更多人的观赏需求，让更多人领略到湘西的独特魅力。

除了内部演出，《云南映象》还曾在巴西、阿根廷、巴西等地演出，引人入胜的《追爱相思楼》不仅在张家界的湘西剧场上演，同时也登上了央视春晚的舞台，旅游景区外的演出显著提高了旅游服务的知名度和影响力，为当地的旅游业发展带来了良好的社会效益和经济效益。

（三）实景类旅游演艺

在旅游演艺产业中，有一个受到全世界瞩目以及赞赏的项目，就是张艺谋导演执导的《印象 · 刘三姐》。其以庞大的规模以及营造的演出氛围和对观众形成的冲击力而著名，它打破了很多传统的东西，融入了众多的现代化元素，在保留传统文化的同时与现代文化进行了很好的结合。整个演出场地的规模是非常大的，以周边的山水为背景，观众坐在这些背景前面欣赏着人与自然的魅力。实景类旅游演艺产业的出现，代表着一个新概念的诞生。在《印象 · 刘三姐》表演中有多名参演者，这些参演者，主要活动在水域中，这些水域周边还有山峰，在知名艺术家的指导下，他们完成了一场场的完美演出，给观众留下了极为深刻的印象。继《印象 · 刘三姐》的大受欢迎之后，全国各地陆续进行效仿，如《印象 · 西湖》也是实景旅游表演，同样将大自然作为舞台背景进行演出。

以上三种类型在我国的旅游演艺产业发展中是比较常见的，还有一种是宴会型的舞蹈表演，主要在游客吃饭时进行，它也属于一种舞蹈类的观光艺术，并且在国家领导人会晤时，同样也会看类似这样的演出。这类表演主要是以我国少数民族地区的民族风情为主题，能够让游客与外国友人充分感受我国独特的民俗文化。

三、国内旅游演艺发展的特点

事实证明，旅游演艺产业的发展促进了整个旅游市场的发展。陕西是我国旅游演艺产业起步较早的省区之一。西安在最初设立这种剧团的时候，主要目的是对外传播中华文化。每当有其他国家的元首到访中国时，剧团都会配合党中央和政府进行中华文化的传播。因此，它最初的目标观众并不是游客，它也不算是在旅游产业中进行发展的一种商业体系，但是它开创了旅游演艺产业的先河，为接下来全国各地旅游演艺事业的发展奠定了一个良好的基础。从此以后，全国各地各大著名的旅游景点纷纷推出了自己独有的旅游演艺剧场，这些演艺剧场的文化氛围十分浓厚，同样，它们对旅游景点的依赖性非常强，它们吸引的观众全部都是在附近旅游景点观光的游客。因此旅游演艺产业与旅游市场之间就形成了一个锁链，这条锁链促使它们两者之间相互进步、相辅相成。国内旅游演艺产业的发展具有如下四个特点。

（一）速度快、规模大

从我国旅游演艺产业的发展规模来看，发展巅峰时期是由《宋城千古情》带动的。即使西安是较早创立这种演艺形式的城市，但是它的发展有具体的路线，与各个景点之间的发展路线是不同的。20 世纪 90 年代《宋城千古情》的创立，拉开了旅游演艺产业的序幕。自此，全国各地开始涌现出类似的表演形式，整体的旅游演艺产业开始蓬勃发展。《印象 · 刘三姐》的诞生更是为这样的进程安装了一个加速器。国内的旅游演艺作品数量近年来在持续增长，之所以发展速度如此之快，是因为我国的特色文化众多，而且文化氛围在全国各地都十分浓厚。

（二）大投入、大制作

现阶段的旅游演艺产业的发展投入是非常大的。有好多大型的演出不仅由著名的导演执导，而且集合了众多的表演艺术家以及艺术指导来共同谋划。一些知名的导演也参与到旅游文化演艺事业之中。以张艺谋导演的《印象 · 刘三姐》为例，整个舞台布置在漓江之上，并以周边的山峰为背景，总占地面积非常大，得天独厚的条件吸引了众多的观众。

（三）演出模式种类多

经过多年的发展，传统的古典艺术也紧跟着时代的潮流，作出了一系列的改革。在以前，主要的演出形式是戏曲，而现代化的表演很好地融入了舞蹈以及魔术、杂技等众多的元素。《印象·刘三姐》的演出形式以戏剧为主，宣传当地的民族特色。《宋城千古情》则更加现代化，演出形式也更容易被年轻人接受。

（四）市场广、潜力大

旅游演艺产业的发展需要巨大的投资以及市场。因此，即便旅游演艺产业的发展具有很多的先决条件，但是它的市场与潜力也受到了人们的广泛认可，在投资的同时，能看到它的回报潜力是非常大的。旅游景点大部分是自然的风光，这是一个得天独厚的条件，大自然就原原本本地摆在那里，不会动也不会进行大的更改，因此总能吸引众多的游客前来游玩，在旅游景点的带动下，旅游演艺产业的前景无疑是广阔的。游客在观赏大自然的风光时，很难了解少数民族的风俗习惯与独特的民族色彩，而在观看演出的过程中，可以很好地弥补这样的遗憾。旅游演艺产业的发展市场是非常庞大的，因为旅游景点经久不衰，而旅游演艺产业与旅游景点之间是相辅相成、相互促进的，因此发展潜力也是非常大的。

四、国内旅游演艺积累的成功经验

（一）推动双向产业发展

20 世纪 90 年代，随着电视机、计算机等新科技产品的出现，传统戏剧表演的发展进入了寒冬期，中小剧场纷纷关门。传统的戏剧节目艺术性很强，主要面向高素质的文化观众，受众人群非常少，剧场无法生存，为了改变自身的处境，剧院的一部分工作人员把公共舞台搬到了旅游目的地，表演的节目也符合当地游客的口味，最终使戏剧表演业在旅游艺术中得以发展，旅游业也走上了文化产业化的道路。我国旅游业发展迅速，但随着文化素质的提高，人们对文化的需求越来越强烈，传统的旅游只是看风景，这种旅游很难满足现代游客的需求。而当前演艺已经成为旅游项目，以风景文化为素材，可以为游客提供高品质的“文化饮食”，以弥补传统旅游的不足。

（二）更好地为旅游服务

实际上，旅游演艺就是旅游景区的文艺表演。旅游演艺产业的发展离不开旅游景区，因此，旅游演艺是围绕旅游目的地展开的。《印象·刘三姐》在漓江这座大舞台上展开，旅游表演紧密联系当地旅游景区的文化主题，迎合游客的观赏需求。在现代旅游演艺的竞争中，其由于高水平的目标定位和艺术表现，已发展成为国内一些艺术类旅游节目争相打造的经典文化品牌。《印象 · 刘三姐》已成为国内外游客游览桂林阳朔的必看节目，更有一部分游客仅仅看了《印象 · 刘三姐》后就选择去阳朔旅行。

（三）加快推进产业化、市场化

所谓产业化，是指将具有相同属性的企业或组织集中起来，使其达到社会认可的规模程度，从量的集合中完成质的急剧变化，真正以国民经济中的一定基准来区分的重要构成部分。旅游行业已经步入了文化产业化的新阶段，这不仅推动了旅游目的地的经济增长，也为当地居民带来了更多的收入。同时，这也增强了旅游景区的文化影响力，并对景区文化的传承、创新和发展产生了积极影响。市场需求推动下，市场化的经营策略成了一笔重要的收入来源。它缓解了传统剧场里的尴尬，为旅游服务的健康发展提供了良好的生存环境，创造了与公众需求相适应的文化节目，市场化运作模式已成为服务业发展的动力。举个例子，张家界所有旅游景点的成功服务与其成功的市场运作模式是分不开的。这一模式经历了三个不同的发展阶段：第一个阶段为企业创业的初始阶段，采用了“民间文化投资家 + 专业剧团”的模式，其主要特点包括投资主体的多样性、利益的共享以及风险的共同承担。第二个阶段标志着企业的迅速崛起，采用了“民间投资者 + 专业剧团 + 旅行社”的经营策略。第三个阶段标志着企业逐步走向成熟，采用了“民间投资者 + 专业剧团 + 旅行社 + 名人”的模式。

（四）运用高科技硬件

当我们审视国内知名的旅游表演节目时，会发现美丽的幻想世界是这些节目的共同特点，而舞台美术的视觉表现直接决定了表演节目的整体品质。因此，无论是剧场风格的观光艺术、实景风格的观光艺术还是其他种类的观光艺术，它们在舞台美术效果上都投入了大量的努力，在舞台的设计、照明系统、音效设备以及 LED 电子显示屏等方面都采用了先进的多媒体技术，极大地提升了音响光电的影响力。

（五）发挥文化资源优势

独特的民族文化遗产不仅提升了传统旅游景点的魅力，同时也增强了旅游服务中的文化认知。旅游服务深度探索了其独特的文化资源，并采用原始的艺术方法来展现文化的魅力。例如，《印象 · 刘三姐》是基于有关刘三姐的经典歌曲创作的，《丽水金沙》则是从具有高原民族文化特色的古纳西王国的文化瑰宝中汲取灵感的，《云南映象》则是从云南的原生态文化和民族文化中汲取灵感的，而《宋城千古情》则是基于杭州的历史传说和神话故事进行创作的。

（六）推陈出新、艺术升级

在全国推行旅游服务的同时，各景区的运营者还可以通过不同渠道，向不同身份、不同文化阶层的公众征求意见，根据这些意见进行修改或是创设新的文化艺术项目。在硬件方面，运营者可以通过改善游客演艺节目的设备来保证旅游演艺节目的状态。

第二节　基于文化元素运用的旅游演艺项目分类

一、区域集聚型

区域集聚型的旅游演艺项目，主要指一系列的旅游演艺项目在某一特定区域集中，形成了一定的规模或影响力。该类演艺项目的地域特色鲜明，依托良好旅游环境，彰显地域特色，形成了市场认知度高、可迅速推广和传播的旅游品牌。其适用的旅游目的地有如下特点：周边市场成熟；位于区域主游线上，交通通达性好；区域文化丰富，可创作故事题材多；周边留宿游客规模可观，区域同类产品市场竞争激烈。在项目开发中，演出应通俗易懂、接地气，满足游客观看的心理，以形成较强吸引力；回归本质，提升产品品质。其中，最典型的是“中国演艺之都”张家界的旅游演艺产业的发展。

旅游演艺项目的区域聚集，一方面能够提高该区域旅游演艺项目的知名度，形成一定的品牌效应，对游客的刺激作用较大，使游客产生一定的品牌认知，形成只要看某类旅游演艺就能想到该区域的品牌印象；另一方面能够使该区域的旅游演艺项目形成一定的竞争机制，促使当地旅游演艺项目的开发更趋于深度化和精品化，整体提升该区域的旅游品质和层次，进而增强竞争力。此外，不同的旅游演艺项目，其主题和文化内涵必然有所区别，所以在一定程度上加大了投资开发者及运营管理者对当地文化与独特风情的挖掘力度，对旅游演艺项目，甚至是当地旅游业均起到了积极的促进作用。

二、景区依托型

景区依托型旅游演艺项目是“旅游演艺＋景区”的典型组合，“借势”和“留客”要素是其重要表现，主要适用于过夜游客多、周边住宿配套足、夜间休闲消费气候已形成的知名景区或旅游城市。在开发过程中，要严格控制运营成本，可充分利用临时性的周边原住民；应做到借势营销，凸显与已有品牌的景区联系；丰富周边旅游配套设施，完善周边餐饮、住宿条件，共同形成留客要素。

景区依托型旅游演艺项目充分依托已有景区的较高知名度和较大客流量，给旅游演艺项目带来了较大的市场空间，也较易实现经济效益、社会效益及生态效益的有机协调。其特点主要表现为以下几点：首先，是品牌的引入；其次，景区本身在演艺创作方面的能力相对较弱，更多地与著名的演艺团队合作，如“印象系列”；再次，应该充分利用本地的文化特色，进一步丰富知名景区的文化价值，并与主要景区保持紧密的联系；最后，多在夜晚进行演出，与附近的著名景点形成了“白天欣赏风景、晚上观赏表演”的完美结合，主要以夜晚的单一演出为核心，这有助于丰富大型景区的夜间娱乐体验。

目前，以旅游景区为依托精心打造的特色、互动旅游演艺项目非常多。华侨城的《金面王朝》《天府蜀韵》《深蓝秘境》等演艺项目分别以北京欢乐谷、成都欢乐谷、深圳华侨城欢乐海岸的巨大客流量为重要市场。张艺谋的“印象系列”以山水田园、自然风光为依托，其中《印象 · 刘三姐》《印象 · 丽江》《印象 · 西湖》均有固定的演出场所，并分别依托阳朔、丽江、西湖较大的游客流，不仅使当地原有的旅游魅力和内涵得到进一步深化，也丰富了当地的旅游产品，为游客提供了更多的选择空间。湖北宜昌的《盛世峡江》以三峡大坝作为背景，以旅游景区的截流纪念园生态广场作为舞台。四川峨眉山的大型山水实景演出《天下峨眉》成功将佛教文化和武侠氛围融合在一起。河南登封的《禅宗少林 · 音乐大典》则将舞台设置在登封市的待仙沟景区内的一个大峡谷里，《梦回大唐》和《宋城千古情》分别固定在西安大唐芙蓉园和杭州宋城上演，大型音乐剧《金沙》更是不能脱离四川的金沙遗址。除此之外，陕西的华清池的《长恨歌》、江苏周庄的《四季周庄》以及南京白鹭洲公园的《夜泊秦淮》等作品，基本上都是这一类别的代表。这些具有浓郁地方风情、富有历史文化底蕴的城市型旅游目的地已经成为我国旅游业发展中不可或缺的一部分。可见，华侨城旅游演艺项目是以旅游开发和经营为中心，并以文化产业作为其独特特色和依托的。

自1991年华侨城首次成功举办大型旅游文艺晚会《艺术大游行》以来，该城市陆续建立了与景区独立的城市剧场，并成功推出了一系列富有文化底蕴的大型城市表演艺术作品，如《金面王朝》《天府蜀韵》《深蓝秘境》等。这些盛大的表演满足了各层次的游客在精神和文化上的需求，赢得了游客的广泛赞誉和尊重。华侨城的旅游文化表演获得了游客较高的满意度。

华侨城作为中国主题公园的创始者，在发展文化旅游的过程中，创造性地开拓了旅游演艺这一新型业态，并且引领与见证了我国旅游演艺20多年来景区秀到城市秀的整个发展历程。华侨城借助主题公园的平台、客源市场及旅游收入，建设了一套独具特色的表演体系。高度市场化的运营模式不仅构建了一个以大型晚会式、巡游式和歌舞史诗式旅游表演为核心的表演体系，还整合了多种艺术门类。此外，该模式还与艺术圈、设计产业、演出设备制造和采购、高新技术产业以及旅游业等多个产业形成了紧密的关联，成为景区依赖型旅游演艺产业发展模式的一个典型代表。

旅游演艺项目依托景区主要表现在两方面，第一，将著名景区的较大客流量作为自己的重要客源，可充分保障市场空间，成为经营的重要前提和基础；第二，大多数景区主要在白天供游客游玩，但夜间吸引力不足，而旅游演艺项目的开发，正好可以弥补游客夜间缺少娱乐的缺憾，保证了景区日夜均有吸引力，既扩大了产品供给，又获得了更多的盈利空间，更为游客提供了更多选择，具有“一举多得”的良好效果。但是，并非所有景区均可开发旅游演艺项目，足够大的客流量是其重要前提和必然要求。

第三节　文旅融合背景下旅游演艺舞台艺术繁荣的现实路径

本节的主要内容是文旅融合下旅游演艺舞台艺术繁荣的现实路径，主要以湖南省的旅游演艺舞台艺术繁荣的路径为例，从旅游实景路径、场馆演出路径、演艺节庆路径以及名剧名家路径这四个方面进行探究，以明晰文旅融合背景下旅游演艺舞台艺术的发展路径。

一、旅游实景路径

（一）实景演出的内部特点

1. 故事性

从艺术创作的视角来看，实景演出与传统故事文本相对照，作家通过独特的文字方式为读者带来了审美的愉悦，而实景表演则为观众带来了视觉和听觉上的绝妙体验。可以说，实景演出的出现使戏剧作品更加具有观赏性和娱乐性，让更多人关注到戏剧艺术。实景演出的导演将他的独特创意融入节目，使得故事内容与实景演出之间产生了深厚的情感张力。因此，实景演出是一种具有独特艺术魅力的戏剧形态。在演出的现场，编导团队运用了光线、色彩和画面构图等多种元素，对现场进行了富有创意的掌控，从而创造出了具有强烈现场感染力的视觉表达。无论是舞台设计、灯光设置、音乐和音效，还是舞台上的各种活动，都应以所要传达的故事主题为基础。成功的关键因素在于能够突出实景演出具有“文化故事化”的独特性质。文化元素应通过演出的方式展现，并与当地的民俗和民风相融合。这种自然与人文景观的结合不仅代表了文化的重塑和历史的再现，更是一种文化传承的方式，充分体现了传统文化的主观性和其核心价值。因此，实景演出所具有的地域性特点使它成为地域特色鲜明的艺术形式之一，并被广泛应用于各个地区的民俗文化旅游当中。实景演出，是源于西方歌剧的一种形式，在我国经历了一次本土化的“转型”。其中，体现民族文化的主题取向原则强调，表演应当重视文化主题和审美品质的展现，即根据我国民族的价值观、思维方式和审美品位进行选择、发现、解释和转变。这种改造的创作过程，将更加注重保留满足人们文化需求的部分，剔除不符合人们审美观念的部分，加强与地方文化主题相关的表演部分。实景演出旨在塑造一种能在当地广泛传播的先进文化，并在现场呈现一种富有人情味的表演形式。因此，它不仅能使观众感受到艺术之美，而且还能促进社会和谐。除此之外，现场演出也为社会各群体提供了一个观察、思考和体验的平台，以传播和展示各种文化符号。这样就使整个活动变成了一次由多个个体组成的互动交流过程。这种从一个人到另一个人、从一个群体到另一个群体的传播方式，是公众的社会化过程，同时也满足了游客追求真实文化体验的心理需求。

2. 情境性

实景演出是在有限的时间范围内，以某一特定历史时期的人物为核心，以主人公一生中最具代表性的经历作为故事情节进行演绎。演出内容根据人物的经历分为几个部分，取重点而非全盘展示，这是实景演出与电视剧、电影的最大区别。因此，实景演出要求演员有扎实的基本功和丰富的舞台表现力，能准确把握角色内心活动，把人物塑造得栩栩如生。另外，实景演出在实际的表演中更加注重对经典片段的真实呈现，如在《长恨歌》中的“贵妃醉酒”场景，在众多宫女的陪伴下，杨贵妃醉酒的美丽与京剧《贵妃醉酒》中梅兰芳大师的演技有着惊人的相似性。在“李杨爱情”的见证的华清池，实景演出以舞剧的方式精彩地展现了两人从相遇到相识、相知再到别离的全过程，通过舞台设计、灯光等来突出剧中人物性格及故事发展脉络，并结合音乐、舞蹈等艺术手段渲染场景氛围，营造出一个特定环境里的浪漫情境，从而达到深化主题的目的。这也使得本节的片段成为剧情中的高潮和最大的看点。

3. 观众的重要性

实景演出的场地主要位于旅游景区之内，并以真实的山水景观作为背景，通过对文化内涵的深入挖掘和故事情节的生动演绎，传播最前沿的民族优秀文化。这种传播理念受到观众评价的直接影响，而观众的评价则成为传播民族传统文化的新载体，即实景演出的传播效果。因此，作为传播者的实景演出观众，在这一新载体的未来发展中起到了至关重要的作用。

（二）实景演出的外部特点

1. 开放性

为了深入了解信息如何传播，首先我们需要探究人们是如何建立相互联系的。此外，我们还需要探究在信息传播过程中了解受众如何在彼此之间构建一个正确、合适且科学的信息传递机制。在大众传播的过程中，传播者与受众之间的互动关系是一个矛盾的存在，它直接决定了传播的效果。实景演出是一种独特的文化形式，它以自然的山水景观为背景，融合了当地的传统文化、民风和民俗，并由商业界和演艺界的大师组成创作团队。这是我国旅游业向人文旅游转型过程中的一个独特表现。这一模式的表演场所通常坐落在旅游城市的独特景区之中，具有一定程度的开放性，吸引了来自社会各阶层的观众，并且分布相当广泛。实景演出不仅场地具备开放性的属性，而且在演出过程中，观众与演员之间的互动交流和信息符号的传递方式也是开放的，这对于整个文化的传播具有极其重要的意义。

2. 科技性

现代是一个技术驱动的时代。文化体系可以被看作由基础的技术层、中间的社会构架、顶层的思想观念构成。在这一结构中，每个层级都担负特殊的角色，技术结构是最为基础的，社会结构阐释了技术的影响，而思想观念则同时反映了技术的威力和社会结构的反映。因此，技术是文化进化的主导力量。当探讨大众传媒的角色时，技术进步的影响力是无法回避的。首先，媒体的制作和管理经历了从传统的手工作坊向更系统化、规范化的转变。随着市场从基本交易向整合式策略的转型，技术为媒体的持续运营提供了稳固的基石。其次，新技术的引入孕育了全新的媒体形式，这不仅重新定义了传媒的格局，而且也成了评估国家产能的重要标志。最后，媒体技术的增长为从业者提供了更广阔的舞台。在各种媒体之间，先进技术成为关键。

推动传统文化前行的是科技。例如，实景演出是一种结合高科技的现代媒体形式。它基于传统的历史和文化背景，以一种更新颖的形式展现。与传统演出不同，实景演出更注重精简并富有深度的内容表达，结合了地方文化，用歌舞和戏剧等手法展现核心思想。在这样的背景下，非语言的元素（如舞美、灯光）通过科技得到了更好的呈现。例如，《大宋 · 东京梦华》就是通过一系列现代技术，展现了宋代文化的魅力。在这样的展现下，观众不仅仅是通过眼睛欣赏，更能通过耳朵和心灵深入感受到历史的波澜与现代技术的结合所带来的冲击。总的来说，科技与传统文化相结合，为人们提供了一个全新的视觉和感知的体验，这是在过去无法想象的。在这样的交汇点上，我们不仅可以回顾历史，更能预见未来。

（三）实景演出的作用及发展路径

实景演出，这种引领现代艺术演出风尚的模式，已成为各地旅游的焦点。该形式将自然风光与人文历史融为一体，通过大型现场表演来呈现。独特之处在于它将壮丽的自然景观作为演出的背景，结合先进的音响和灯光技术，以及大批的表演者，将地方文化以全新的方式呈现给观众，为其带来震撼的艺术享受。实景演出通常位于主要的旅游景区，吸引了众多游客。这种艺术形式不仅与旅游线路相得益彰，还为游客提供了更为深刻的旅行体验。通过观赏这些演出，游客可以感受到当地的文化魅力和它与其他文化的独特之处。1986 年，埃及金字塔前的大型景观歌剧《阿依达》开创了实景演艺的先河。在我国，2004 年张艺谋与团队在桂林阳朔漓江上创作的《印象 · 刘三姐》真正点燃了这一潮流。该作品巧妙地结合了阳朔的天然美景和灯光特效，为观众呈现了一场视听盛宴。自首演至 2013 年，它吸引了千万游客，带动了当地的旅游业和经济增长。除此之外，类似的实景演艺项目如《宋城千古情》已经演出多年；《云南映象》不只是一个表演，它还衍生出了与其同名的餐厅和服装品牌；《又见平遥》则巧妙地将平遥古城的文化元素和演出融为一体，成为当地的标志之一。

近年来，随着观众对旅游演艺的需求不断增加，这一市场也迅速扩大。成功的实景演艺不仅增加了景区的知名度和经济效益，还使观众能够更深入地了解和欣赏各地的历史和文化。这不仅有助于推广景区，还对推广社会主义核心价值观和提高文化自信起到了积极作用。

鉴于实景演出所带来的正面影响，文化和旅游部在 2019 年 3 月发布了《关于促进旅游演艺发展的指导意见》，进一步加强了对旅游演艺领域的指导和推动。近年来，湖南省也涌现出一批别具特色的实景演出项目，有位于韶山，在国内首度使用中国版图舞台设计，多舞台呈现、多视角的复杂演出模式的大型革命历史剧《中国出了个毛泽东》。该剧以毛泽东同志为中国革命作出的伟大贡献为主线，通过六个章节讲述毛泽东从韶山走出后开始进行救亡启蒙和秋收起义，并将长征、抗日战争、渡江战役、新中国成立等多个事件有机地整合和串联起来，从多个角度展示了伟大人物的风采；有地处常德，首个以溪流为场地、乘船漫游式大型实景演出的《桃花源记》，独特的“河流剧场”使观众沉醉；位于张家界天门山景区的《天门狐仙》剧场，则是一场超震撼的山水实景魔幻音乐剧，当游客置身于剧场，眼前便是一个深不见底的峡谷，主舞台就与这奇峰、峡谷、森林、流瀑融为一体，形成了世界唯一的一座高山峡谷大舞台；《魅力湘西》向观众展示了激情洋溢的美丽爱情与瑶族特色的爬楼求爱方式，以及白族优美的民歌、人类最原始的茅古斯舞、被称为“中国狂欢节”的合拢宴、土家族的“女儿会”、哭嫁、湘西赶尸等极具民族特色的表演；其他取材自沈从文小说《边城》的《烟雨凤凰》和以郴州本土民间故事“苏仙传奇”为主线改编的《飞天 · 苏仙》以及长沙首台大型田园实景演出《浏阳河上》等，都是融合了当地文化特色与风俗民情的大型实景演出。

可以看到，湖南省对实景演出逐渐重视，并投入巨大的人力、物力促进其发展。但是，实景演出不仅在场面上吸引人眼球，作为舞台表演艺术，其表演质量、层次等也应体现出高水准。综观湖南省现有的实景演出，虽结合了当地景观与民俗，但在演出的艺术性方面有待提高。目前的实景演出，演员多为群众演员，表演艺术性亟待提升，如果能够加以改进，定会成为具有标志性的视觉盛宴，在游客中树立良好的口碑。在文化和旅游大规模发展、深度融合的新时代背景下，实景演出无疑将成为文化和旅游深度融合的关键平台。湖南省拥有许多旅游胜地，吸引了大量的游客，因此对于文化旅游中的表演市场有着巨大的需求。虽然各种规模的表演已经让观众应接不暇，但真正高质量的演出产品在演出市场上仍然稀缺，一些大规模制作和高成本的演出甚至无法支撑一个完整的演出季。相关的管理机构和景区的运营者需要紧跟该领域的新发展趋势，采纳实际有效的新策略，确保实景表演朝着更健康、有序和高品质的方向前进。

1. 将实景演出纳入全省文旅融合的整体设计体系中

在省级文旅管理部门的统筹协调下，各级文化和旅游部门都应加快研究和制定促进文化和旅游融合发展的指导意见，将实景演出内容充分纳入指导意见中，并提出具体的支持措施；加大对实景演出市场的培育力度，鼓励各类企业积极参与，推动各地政府完善政策体系，建立长效管理机制；基于深入的调研，制定并推出实景演出的发展策略，明确主要功能的角色，确立差异化的发展模式。除此之外，还需对旅游演艺的服务和管理标准进行进一步的修订，以便为旅游演艺行业的稳健发展提供更加明确的规范和方向。

2. 将实景演出纳入各级文旅重点项目支持体系中

对于重点实景演出项目，旅游部门应当确保领导的责任得到分包，并进行定期的调度，同时解决出现的问题。为了支持实景演出项目，旅游部门需要增强财政资金的投入，充分利用财政资金的杠杆效应，特别是对那些重点的实景演出项目；为了解决旅游演艺企业面临的“融资难”等问题，需要进行招商对接，积极引进知名的旅游演艺企业，致力于打造具有地标意义的旅游演艺项目。

3. 将实景演出纳入文旅整体形象宣传体系中

旅游部门可以考虑将实景表演纳入文旅的外部宣传策略中，与景区紧密结合，并定期在主要的媒体平台上进行推广；通过创新的宣传策略，构建新的媒体推广平台，并积极鼓励使用短视频平台进行有效的宣传活动；鼓励实景演出的经营公司开发结合线上和线下的销售系统或策略，提升网络服务的品质，走向智能化的经营模式。

综上，实景演出作为湖南省未来舞台艺术发展的重要路径，具有巨大的潜能和空间。如前文所述，湖南省拥有独特的地理风貌和人文历史环境，除了张家界天门山、凤凰古城等国内知名的景点，岳麓山、岳阳楼、神农谷、洞庭湖等景点亦别具特点。一方面，各地市倘若以具有代表性的景点为主题，创作相应的舞台艺术表演，在提升各地文化形象和知名度的同时，还会带来诸多附加的经济效益；另一方面，可聘请国内知名或富有经验的导演，提升舞台表演艺术质量，打造文旅名片。

二、场馆演出路径

所谓的场馆演出，是指在如剧院这样的专业演艺场所或者酒吧、商业综合体等多功能场所举行的现场表演和相关活动。随着我国城市化进程不断加快，各类场馆如雨后春笋般出现，成为人们休闲娱乐的主要场所之一，同时也为城市提供了新的经济增长点。城市的文化和商业空间是场馆演出的主要空间形态。随着人们生活方式的改变和休闲时间增多，人们的娱乐需求也随之增加，从而带动了场馆演出市场的发展。场馆演出具有多种旅游吸引力，这包括场馆的建筑结构、表演节目以及围绕特定演艺主题进行的各种活动。

需要明确的是，场馆内的表演对游客具有极高的吸引力。大型城市的场馆因其举办高质量演出的能力，已经变成了演艺爱好者们梦寐以求的场所。悉尼大剧院是澳大利亚悉尼市的地标性建筑，每年吸引着世界众多游客慕名前往。我国的国家大剧院以其精美的造型、高质量的艺术演出，展现出其在旅游与艺术传播方面的双重效应。因此，演艺场馆也是文化旅游开发的重点对象。

湖南省演出场馆剧院众多，这些专业剧院所演出的剧目艺术性强，对观众具有较强的吸引力。因此，在全省范围内开展专业剧院活动已成为一种趋势。以田汉大剧院为例，它是一家以专业表演为核心的现代剧院，位于长沙市劳动路和芙蓉路的交叉点，其地理位置极为出色。该团在长期的实践中积累了丰富经验，形成了独特的艺术风格。田汉大剧院由大剧场、音乐厅、田汉纪念厅、艺术走廊和前坪田汉群众文化广场这四个主要部分组成。大剧场提供了上千个座位，并配备了国内顶尖的旋转舞台、升降台、全数字化的音视频设备、灯光控制设备，以及超大规模的 LED 电子显示屏和世界著名的伯恩斯坦钢琴。另外，还设有多功能会议厅、大型舞美室、多功能厅等多个功能区域，可以满足各种会议活动、音乐会、文艺表演及各类演艺团体对音乐的需求。为了确保艺术作品能够完美呈现，田汉大剧院特别邀请了清华大学建筑声学教授，按照专业演出剧院的标准进行声音设计，并且大胆使用了石材等装饰材料，科学使用了吸音材料，以使剧院的声反射效果达到最优。此外，还配备了大型投影系统、灯光及音响技术。晚上，大剧场会上演令人震撼的综艺晚会，为广大的观众带来令人心旷神怡的艺术体验。晚会成功将当地的歌厅文化和剧院文化融为一体，既保留了百老汇的特色，又融入了法国红磨坊的风格。这家剧场全年无休，每天都座无虚席，被视为长沙歌厅文化在全国范围内的标志性场所，拥有巨大的消费群体和潜在的市场。大剧院不仅是一座集多种功能于一体的文化建筑，人们在这里还有机会欣赏到如歌剧、芭蕾和交响乐等全球知名的高级艺术形式，组织高水平的国际会议，或者参与各种餐饮和购物等休闲活动。

湖南省演艺集团是湖南省大型公益性国有文化企业，肩负着让湖南省的演艺唱响全省、领跑中部、蜚声全国、走向世界的光荣使命。该集团由湖南省杂技艺术剧院、湖南省话剧院、湖南省歌舞剧院、湖南交响乐团、湖南大剧院、湖南省演出公司、湖南文化娱乐中心、湖南文化音像出版社、湖南省文化发展有限公司、湖南省文化艺术培训中心等单位及若干合作机构组成。集团成立以来，推出了包括多媒体民乐剧《九歌》、大型交响合唱音乐会《通道转兵组歌》、话剧《十八洞》等多种艺术形式的作品。湖南省歌舞剧院民族乐团的《潇湘水云》是湖南省近年来首场定位于展现湖湘文化的原创民族音乐会。由湖南省歌舞剧院民族乐团名誉指挥、上海民族乐团常任指挥、艺术总监王甫建担任艺术总监，全国优秀新锐作曲家加盟，重新解读湖南省的音乐元素，用民乐述说湖南故事，呈现大美潇湘。《潇湘水云》民族管弦音乐会分为天地吟、江河清、山川韵、日月歌四个篇章。它以独奏、齐奏、协奏、人声等形式，选取湖湘音乐文化中适合民乐表现的精粹篇章，重新整理创作，将湖南省的自然之美、地域之美、人文之美包罗其中，重在民乐表演的创新呈现和舞美效果的诗意营造，能够使游客感受到湖湘文化的魅力深邃和无穷韵味，展示湖湘大地从古至今的诗意之美和生生不息的魅力文化。此外，湖南省首台城市风情实景灯光演出秀《梦回穿紫河》也是该集团积极融入市场的体现，其在文化旅游方面取得的重大突破开创了湖南省文化旅游流动舞台实景秀的先河。大型城市中场馆演艺的丰富性和高品质是其他旅游目的地无法比拟的，这是场馆演艺的核心吸引力所在。

例如，湖南省文化和旅游厅下属的湖南省花鼓戏剧院是一个省级的重点表演艺术组织。这家剧院主要以长沙花鼓戏为核心，同时也融合了邵阳花鼓戏、衡阳花鼓戏、岳阳花鼓戏、常德花鼓戏和零陵花鼓戏这五大艺术流派的优点。它的核心使命是继续传承、改进并推广湖南省的花鼓戏传统，创作出广大人民群众喜爱的新式花鼓戏剧，并在艺术创作、表演风格和团队建设方面为全省的花鼓戏表演团队提供示范。该剧院自 1953 年建立以来，始终坚持学传统、学生活、学科学的表演体系等艺术原则和作风，形成了深受观众喜爱的“省花路子”，如《打铜锣》《补锅》《三里湾》《喜脉案》《桃花汛》《乾隆判婚》《乡里警察》等优秀剧目闻名遐迩，多次赴京演出并荣获国家优质工程奖、文华奖及梅花奖，受到文化和旅游部的表彰，在戏剧艺术的百花园中，显示出独有的光彩和魅力。

这些演出场所本质上是城市旅游的吸引点，如悉尼歌剧院、上海大剧院、世博园、文化产业园和购物中心等，都是游客经常光顾的城市区域。这些大型综合性公共项目往往具有很高的知名度，在当地产生了巨大影响力。长沙梅溪湖国际文化艺术中心正是这样一个具有标志性的建筑物。这个中心坐落在国家级的长沙湘江新区，主要由大型剧院和艺术展览馆组成。大剧院是由多个主要演出大厅和多个多功能小型剧场构成的，而艺术馆则由展厅组成。该中心能够承办世界顶级的大型歌剧、舞剧和交响乐等高级艺术表演，是湖南省最大、功能最全面的国际文化艺术中心，填补了全省高端文化艺术平台的空缺。梅溪湖国际文化艺术中心坐落于湖南省长沙市，于 2017 年 9 月 4 日正式运营。2017 年 9 月 15 日，美国旧金山歌剧院打造的英文版歌剧《红楼梦》在此首演，也拉开了梅溪湖国际文化艺术中心的正式演出大幕。2018 年 8 月 15 日，曾荣获多项国际艺术大奖的俄罗斯舞台剧《斯拉法的下雪秀》在长沙梅溪湖国际文化艺术中心首演。在过去的两年运营期间，该中心引入了多部高质量的戏剧作品，其中包括美国旧金山歌剧院的英文版歌剧《红楼梦》、俄罗斯的经典芭蕾舞剧《天鹅湖》、法国的戏剧《雪》以及意大利的歌剧《图兰朵》等。同时，在湖南卫视播出的以真人秀的方式推选出的当今青年歌唱人才的《声入人心》节目，即在梅溪湖国际文化艺术中心录制，其独特的建筑设计、现代化的演出场馆为该节目搭建了一个高规格、高品质的演出舞台，同时，梅溪湖国际文化艺术中心也借助该节目为国人所知，迅速打开了知名度。因此，该艺术中心成为借助传媒开拓影响力的最好示例，也是演出场馆成为文化旅游场所的新型案例。

各种形式的艺术推广和普及活动对游客同样具有很高的吸引力。近年来，湖南省文化馆每年推出“雅韵三湘 · 高雅艺术普及计划”系列演出活动以及传统经典戏曲周、声乐大课堂等系列演出品牌。这些活动不仅吸引了戏剧、声乐爱好者，还受到普通游客的欢迎。

三、演艺节庆路径

演艺节庆指的是围绕特定的表演艺术主题所组织的各种节庆活动，如音乐节和戏剧节等。演艺节庆与其他类型的节事一样，具有文化性和商业性双重特征。演艺节庆能在较短的时间里集中展示各种不同形式的表演艺术，成为艺术家、艺术爱好者的集结地。演艺节庆之所以具有巨大的吸引力，是因为它集结了来自特定艺术领域的各种节目和表演者，这对于热爱演艺的人们来说是非常吸引人的。欧美国家举办演艺节庆活动的传统由来已久，世界知名的音乐节有英国的巴斯国际音乐节、格拉斯顿伯里音乐节、雷丁利兹音乐节，美国的伍德斯托克音乐节、科切拉音乐节、俊杰音乐节，德国的拜鲁伊特音乐节，丹麦的罗斯基勒音乐节及日本的夏日超音速音乐节等。这些音乐节各具特色，有着庞大的受众群体。这些音乐节少则两天，多则十几天，每年在音乐节举办之时，都会吸引世界各地的狂热乐迷前往。以丹麦罗斯基勒音乐节为例，其每年 7 月在丹麦首都哥本哈根举办，为期 4 天。音乐节音乐演出涵盖了摇滚、民谣、电子、说唱、流行、爵士等多种音乐类型，可以满足不同音乐欣赏品位的乐迷需求。同时，音乐节还为前来参加节日的乐迷们安排了诸如观看电影、游泳、球类比赛等丰富多彩的文化活动。

湖南省作为文化传统浓厚的省份，节庆颇多。同时，湖南卫视在各地方卫视中的实力首屈一指，极具影响力，是当今文化娱乐的时尚引领者。因此，湖南省集合了传统与现代元素，在发展演艺节庆方面有着得天独厚的优势。在湖南省目前开展的节庆演艺中，张家界黄龙洞音乐季、芒果音乐节、长沙橘洲音乐节等较为知名。

张家界黄龙洞位于张家界武陵源景区，是一个知名的溶洞景观。它因获得“世界溶洞奇观”“世界溶洞全能冠军”“中国最美旅游溶洞”等多项顶级荣誉，而在全球范围内享有极高的声誉，甚至被誉为“亚洲第一奇洞”。作为世界级风景名胜区和国家级自然保护区，它以其独特的地质地貌景观和丰富的动植物资源吸引了国内外无数游客前来观光游览。目前，张家界黄龙洞风景区荣获了“世界自然遗产”“世界地质公园”“首批国家 4A 级旅游区”三大荣誉，并在 2005 年被誉为“中国最美的旅游溶洞”。黄龙洞音乐季诞生于 2016 年，是为促进我国音乐艺术的大交流、大发展而专门打造的音乐季，每年举办一届，举办地在拥有“世界溶洞全能冠军”美誉的张家界黄龙洞景区。2019 年，为庆祝中华人民共和国成立 70 周年，黄龙洞音乐季以世界著名景点为背景，以快闪的形式用钢琴演奏《我爱你，中国》，为国家献上礼赞和祝福。可以说，黄龙洞每年的音乐季策划都极具创意，也逐渐受到音乐界的重视，吸引了越来越多的游客参与其中。

芒果音乐节是湖南广播电视台（以下简称湖南广电）推出的“芒果品牌”，这是湖南广电集团重点推出的创新娱乐项目，并且也是湖南广电集团旗下第一个原创音乐节品牌。芒果音乐节秉承了湖南广电的娱乐属性，拥有得天独厚的宣传资源和优质的艺人资源。芒果音乐节有三个亮点：一是水上音乐节。音乐节保留项目“跳水”，并对传统音乐节的门票进行了创新，策划了“一张门票两重收获”，除了能畅享音乐节的各项精彩项目，还能免费畅玩城市海景水上乐园。二是豪华的演艺阵容。作为湖南广电发起的音乐节，芒果音乐节的演艺阵容星光璀璨。拟邀名单涵盖了华语流行乐坛的一线实力唱将。此外，芒果音乐节还邀请了国内外原创乐队助阵，包罗了摇滚、民谣、电子、说唱等多曲风音乐，更是将流行音乐纳入音乐节中，能够为全国各地的乐迷奉献一场精彩的音乐盛会。三是好玩的娱乐体验。音乐节现场设置了超大的绚丽舞台，还别具匠心地营造了热带海滨风情的浪漫氛围。除了魅力四射的音乐狂欢，主场地的周边还规划有复古集市、机车秀、平面艺术、街头艺术、大城小爱（传统艺术）、独立电影、沙滩排球、电子竞技、帐篷旅馆、美食大街、官方纪念品售卖区等区域。

橘洲音乐节是在长沙橘子洲沙滩游乐园举行的音乐节。和国内众多音乐节相比，橘洲音乐节有着天然的地理优势，内陆城市难得一见的沙滩、湘江之畔天然的水上休闲区，给音乐节增添了几分浪漫气息；代表世界顶尖水平的中国乃至亚洲规模最大的沙雕艺术展，更是全国独此一家，任何游客只要有兴趣，就可以堆一座属于自己的沙雕，为音乐节赋予了更加丰富的艺术内容，增添了音乐节的趣味性和观赏性。音乐节主办方每年都会邀请来自国内外的著名乐队与音乐人参与。音乐节期间还进行锐舞派对、街拍、快闪、交友区留言交友等各种互动，以及一些随心所欲、自由创意的活动，每一位观众都可以随意发挥，目标是把橘子洲搭建成为我国规模最大、设施最丰富的音乐营地。橘洲音乐节自 2009 年开始举办以来，影响力越来越大，现在已经成为以华中南地区为中心、辐射全国的最大的户外音乐狂欢派对和全国最令人瞩目的音乐朝圣地，每年举办的时候都能吸引来自全国各地的大批乐迷。

应当认识到，湖南省演艺节庆项目还有着较大的开发空间。以上演艺节庆虽在湖南省有着较大知名度，但放眼全国，其影响力依然较小。因此，如何提升湖南省演艺节庆的认知度，加大宣传力度，同时打造更多、更有品质的全国知名乃至世界知名的演艺节庆是策划者未来所应重点探索的内容。

四、名剧名家路径

所谓的名剧名家演出，主要是指那些以经典表演或知名艺人为核心内容的现场演出和相关活动，如莎士比亚的经典剧目在我国的巡回演出、名人音乐会等。名剧名家具有独特的艺术魅力和广泛的群众基础，能给当地带来巨大经济效益。著名的戏剧大师对游客的魅力主要源于他们的剧目或表演。

在戏曲艺术方面，如前文所述，湖南省传统戏曲品类多且具特色。作为湖南省最具特色的地方戏曲，花鼓戏形成了以《刘海戏金蟾》《三里湾》《打铜锣》《补锅》《沙家浜》《野鸭洲》《八品官》《喜脉案》《桃花汛》《乡里警察》《老表轶事》《郑培民》《走进阳光》《作田汉子也风流》等为代表的一大批在全国有影响力的优秀剧目，在戏剧艺术的百花园中展示出它特有的光彩和魅力。同时，湖南省也培育了一批戏曲音乐舞蹈名家，左大玢、王永光、刘赵黔、陈少云、张富光、曹汝龙、杨霞、王阳娟、傅艺萍等国家梅花奖、文华奖获得者，都是湖南省戏曲音乐文化的最佳名片。

近年来，我国大力提倡发展传统文化，各地在发扬地方传统艺术方面都在不断探索创新，如河南的豫剧、山东吕剧、福建闽剧等均在演出形式、剧本创作、舞台布置方面求新求变。相关项目的研究人员在走访湖南省花鼓剧院时，看到该剧院在宣传上有着较大投入，便请来当地知名的剧本作家、乐队指挥家等为剧目进行量身定制，力图使剧目更接近当代观众口味。例如，湖南省花鼓戏保护传承中心推出的花鼓戏新剧目《蔡坤山耕田》，是一部生动有趣、具有浓郁的地域特色的喜剧作品，它用滑稽、反讽、批判和夸张等艺术化手法，弘扬了主旋律和正能量，引人深思。该剧自 2018 年 4 月 26 日首演以来，获得了观众好评。其在获得国家艺术基金资助后，又获得了国家艺术基金大型舞台剧和作品滚动资助项目评审专家的高度评价，顺利获得国家艺术基金 2019 年大型舞台剧和作品滚动项目资助。该剧有三个方面的特点，一是民族风格；二是它的民间趣味；三是它的民本思想。可以说，以“民”为核心，才能贴近群众的立场和品味。立足于剧目创新，可使本省的舞台演出吸引更多的观众，同时也是新型旅游的有效补充途径。

除了戏曲艺术，湖南省在音乐、戏剧、美术等方面也名人辈出。以音乐为例，国内知名的湖南籍音乐家有作曲家谭盾，歌唱家李谷一、宋祖英、雷佳、王丽达、陈思思、刘一祯等。其中，谭盾作为国际知名作曲家，其作品蕴含着湖南省的传统音乐文化特色和精髓。他所创作的交响乐《女书》，是以世界上仅存的女性文字湖南江永女书为创作灵感，进行了乡村考察后最终写出的作品。该作品用十三个乐章讲述了“女书传奇”，包括“母亲的歌”“女书村”“深巷”“女儿河”等，是将湖南省的地方民俗与舞台音乐艺术结合的最佳典范，该作品在世界各地上演。值得一提的是，湖南省灵秀的山水培育出了一批国内一流的声乐歌唱家。王丽达、雷佳等是中国音乐学院的声乐博士。雷佳曾获得“金钟奖”声乐大赛、青歌赛民族唱法等全国顶尖声乐类比赛金奖，其主唱的《中华 56 民族之歌》专辑被作为国礼赠送给观看北京奥运会的各国政要和使节。同时，她主演的中国歌剧《木兰诗篇》先后在日本、俄罗斯等国成功上演。这些音乐家均是从湖南省走出的人才。

湖南籍名家的名作，彰显了湖南省的文化实力，作为以舞台艺术为核心的湖南省文化旅游产业，其影响力和发展潜力不可小觑。因此，应当充分运用湖南籍名家这一资源，通过名家效应促进舞台艺术发展。

总体而言，文化旅游的宗旨是展现地方文化特色。名剧名家不仅能够作为地方文化特色，发扬非物质文化遗产保护的理念和精神，同时也是文旅融合下舞台艺术建设的有效补充路径。

第四章　文旅融合背景下乡村旅游规划

本章为文旅融合背景下乡村旅游规划，主要包括四节内容，分别是文旅融合与乡村振兴的互动关联、文旅融合背景下乡村旅游规划理念、文旅融合背景下乡村旅游规划原则、文旅融合背景下乡村旅游产品开发。

第一节　文旅融合与乡村振兴的互动关联

一、实施乡村振兴战略的意义

（一）有利于实现社会主义现代化建设

现阶段，我国已开启全面建设社会主义现代化国家新征程，全国推进乡村振兴是社会主义现代化建设的重要组成部分。农业农村现代化是国家现代化的重要基础，是国民经济的重要支撑，国家的强盛、风貌都与农业息息相关。要想全面实现农业农村现代化，农业、农村、农民必须向现代化方向转变。城乡统筹协调可以为国家的可持续发展提供坚实的基础和重要的支撑，如果农业生产落后，将无法完成社会主义现代化建设。我国始终将“三农”（农业、农村、农民）问题放在首要位置，保障农产品的生产和流通，将农业作为发展工业和服务业的重要基础，以农业带动其他产业发展；结合我国实际国情，科学合理地调整农村的生产关系和经济结构，推动农村建设稳定发展，进一步推进国家建设稳定发展；千方百计增加农民收入，始终将实现农民小康生活作为奋斗目标，提高农民生活质量，改善农村生活条件，提高农业生产技术，增进农民福祉。

改革开放以来，我国农业农村的现代化水平已经有了很大程度的提高。但我国目前仍然处于社会主义初级阶段，农业农村是我国社会主义现代化建设中重点需要关注的部分，资源和市场对农业发展的影响程度愈加严重，农业的整体竞争力急需提升；城乡发展不均衡，农民收入与城市居民收入差距依然很大，实现农民收入稳定增加的目标依然还有很长一段路要走。想要进一步实现社会主义现代化建设，必须深入贯彻乡村振兴战略，将农业农村发展落实到每一个细节，积极推进农业供给侧结构性改革，培育壮大农村发展新动能，不断加强农村基础设施建设，提高公共服务，使美丽乡村成为我国实现现代化强国的重要呈现，大力发展工业，带动农民富裕，振兴农村繁荣，促使我国社会主义现代化建设进程更高效、均衡、稳步。

（二）有利于解决我国社会存在的主要矛盾

改革开放全面促进了我国在政治、经济、文化等各个领域的快速发展，使我国的综合国力增强，人民的生活水平不断提高，我国社会的主要矛盾也从人民日益增长的物质文化需求同落后的社会生产之间的矛盾转化为人民日益增长的美好生活需要和不平衡不充分的发展之间的矛盾。现阶段，我国面临的最大的发展不平衡的问题是城乡之间的发展不平衡。加快农业农村发展，缩小城乡差别和区域差距是乡村振兴的应有之义，也是解决社会主要矛盾的重中之重。我国是一个有着 960 万平方千米土地的大国，城市不可能无边际地扩大，城市人口也不能无节制地增长。不论城镇化如何发展，农村人口仍会占较大比重，几亿人生活在乡村。即使是城里人，也会向往农村的自然生态，享受不同于都市喧闹的乡村宁静，体验田野农事劳作，品尝生态有机的美味佳肴。当前我国经济比较发达的城市，已经达到了与发达国家不相上下的发展水平，但是很多农村地区与发达国家的差距巨大。因此，应全面促进农村政治、经济、文化、生态文明建设进程，深入贯彻落实乡村振兴战略，全面促进农村发展，尤其要重点关注发展相对落后的农村，使其努力赶上全国农村发展的平均水平，使每一个乡村都成为全面建设社会主义现代化国家的重要支撑。

（三）有利于扩大农民对美好生活的期待

党始终重视农业农村的建设与发展，时代发展对“三农”工作提出了新要求，以习近平同志为核心的党中央着眼党和国家事业全局，把握城乡关系变化特征和现代化建设规律，对“三农”工作作出了进一步指示，充分体现了以人民为中心的发展思想，科学回答了农村发展为了谁、发展依靠谁、发展成果由谁享有的根本问题。农业强不强、农村美不美、农民富不富决定着亿万农民的获得感和幸福感。党自成立以来，一直以来把依靠农民、为亿万农民谋幸福作为重要使命。近年来，农业供给侧结构性改革取得新进展，新农村建设取得新成效，深化农村改革实现新突破，城乡发展一体化迈出新步伐，脱贫攻坚开创新局面，农村社会焕发新气象，广大农民得到了实实在在的实惠，实施乡村振兴战略、推进农业农村现代化建设的干劲和热情空前高涨。2018 年中央一号文件明确提出实施乡村振兴的三个阶段性目标任务：到 2020 年，乡村振兴取得重要进展，制度框架和政策体系基本形成；到 2035 年，乡村振兴取得决定性进展，农业农村现代化基本实现；到 2050 年，乡村全面振兴，农业强、农村美、农民富全面实现。只要坚持以习近平新时代中国特色社会主义思想为引领，立足国情农情，走中国特色社会主义乡村振兴道路，就一定能更好地推动形成工农互促、城乡互补、全面融合、共同繁荣的新型城乡工农关系，让亿万农民有更多的获得感，使全体中国人民在共同富裕的大道上昂首阔步、不断前进。

（四）有利于中国智慧服务于全球发展

不断思考、不断创新是党的光荣传统，党在革命、建设和改革发展进程中，以我国具体实际和现实需要为基础，积极开展实践探索，在实现国家富强和人民幸福方面取得了巨大成就，同时还为全球进步、发展提供了有益的借鉴。党的十八大以来，我国围绕构建人类命运共同体、维护世界贸易公平规则、共建“一带一路”倡议、推进全球经济复苏和一体化发展等许多方面提出了自己的主张并付诸行动，得到了国际社会的普遍赞赏。同样，多年来，在应对和解决农业、农村、农民问题上，我国创造的“赤脚医生”、乡镇企业、小城镇发展、城乡统筹、精准扶贫等方面的成功范例，成为全球的样板。在现代化进程中，乡村必然会经历艰难的蜕变和重生，解决乡村衰落和城市贫民窟现象是世界上许多国家尤其是发展中国家面临的难题。

二、实施乡村振兴战略的路径选择

（一）贯彻乡村振兴战略的原则

贯彻乡村振兴战略的原则是对行为进行约束的一个重要层面，是保证行为不脱离既定轨道的重要引导。因此，贯彻乡村振兴战略需要遵循如下几项原则。

1. 坚持循序渐进，因地制宜

应对乡村的差异性进行把握，分析乡村发展的情况，进行乡村规划时要突出规划重点、体现乡村特色，使乡村规划丰富多彩。同时，要量力而行，不能搞形式主义，也不能搞一刀切，要一步步地推进。

2. 坚持城乡融合发展

应努力破除体制机制的弊端，让市场在资源配置中起重要作用，并发挥政府的导向作用，推动城乡要素进行平等交换、自由流动，推动新型工业化与农业现代化的同步发展，推进信息化与城镇化的和谐统一，实现城乡互补与融合，共创新型工农城乡关系。

3. 坚持党管农村工作

应坚持党的领导，保证党在农业农村建设过程中的领导地位，全面统筹管理各项工作，建立健全各项党内制度法规建设，最大限度地发挥党的领导作用，为乡村振兴提供强有力的政治保障。

4. 坚持乡村全面振兴

贯彻落实乡村振兴战略，首先要精准地理解和掌握乡村振兴的本质和内涵，深入探索和挖掘乡村在各个层面的隐藏价值和功能，全面促进农村政治、经济、文化、社会、生态等层面的发展和建设进程，统筹规划发展方向及发展路径，注重乡村发展与其他领域发展的关联性、协同性，推进全面均衡发展进程。

5. 坚持农业农村优先发展

应将乡村振兴作为全党的共同行动与意志，做到步调上的统一，确定干部的配备，满足各种要素的配置，保障资金的合理投入，重视公共服务，这样才能补齐农业农村发展中的短板。

6. 坚持改革与创新

应不断深化农村改革，扩大对外开放，激活市场与要素，调动各方面的力量为乡村振兴努力。

7. 坚持农民的主体地位

将农民放在乡村振兴战略的主体地位，发挥农民在乡村振兴中的角色和作用，充分调动农民在乡村振兴发展中的主观能动性，提升农民的幸福感、安全感和价值属性。

8. 坚持人与自然和谐发展

绿水青山就是金山银山，因此乡村振兴战略也离不开“人与自然和谐发展”的原则。应该树立建立资源节约型与环境友好型社会的理念，加强治理，以绿色发展引领乡村振兴。

（二）把握乡村振兴战略的总体要求

1. 以解决“三农”问题为目标

农业是一个国家生存和发展的基础，是实现农业农村发展、共同富裕的重要产业，是为居民提供食物、为工业提供原料的基础产业，是关系国家经济安全和社会稳定的战略产业。在我国，吃饭问题始终是事关国计民生的大事，必须把中国人的饭碗牢牢端在自己手上，坚持粮食基本自给、口粮立足国内。农业是保证和支持国民经济正常运行的基础，为工业和服务业发展提供资金、原材料、劳动力资源和广阔的市场空间。

农业是我国国民经济的基础，农村是农业发展的基础，因此只有保障农村稳定，才能保障国家稳定，当前一些发展中国家由于走了畸形的工业化、城镇化道路，形成了规模庞大的贫民窟，严重影响社会安定。忽视农业农村，会导致工农业比例失调、城乡二元分割差距扩大，会给经济和社会发展带来重大损失，给人们的生活造成严重影响。

从我国发展现状来看，虽然整体上经济社会发展取得了巨大进步，但仍存在城市与农村、东部与西部发展差距较大的问题。因此，想要实现全面建成小康社会、全面建设社会主义现代化的目标，重点在“三农”，最突出的短板也在“三农”。因此，应充分发挥新型工业化、城镇化、信息化对乡村振兴的辐射带动作用，加快农业农村现代化；深入推进以人为核心的新型城镇化，促使农村劳动力转移；积极引导和支持资源要素向“三农”流动，在继续加大财政投入的同时，鼓励更多的企业“上山下乡”，推动更多的金融资源向农业农村倾斜，支持更多人才到农村广阔天地创业创新；进一步统筹城乡基础设施和公共服务，加大对农村道路、水利、电力、通信等设施的建设力度，加快发展农村社会事业，推进基本公共服务均等化。

2. 以“五位一体”为指引

“五位一体”总体布局是指经济建设、政治建设、文化建设、社会建设和生态文明建设五位一体。把握乡村振兴战略的总体要求应以“五位一体”为指引，具体措施如下。

第一，加强农村组织建设。加强以党组织为核心的村级组织建设，加强农村基层党组织建设，培育出优秀的党组织书记，增强村级集体经济实力，为实施乡村振兴战略提供保障。

第二，加强农村人才培养。加快培育新型农业经营主体，激励各类人才到农村广阔天地施展才华、大显身手，让那些资源留在乡村的人能够留住心，让那些愿意创业的人有信心，打造强大的人才队伍，强化乡村振兴人才支撑。

第三，推进农村产业发展。促进第一产业、第二产业、第三产业的融合发展，保证质量兴农、绿色发展，确保国家粮食安全，调整农业结构，实现乡村产业兴旺、生活富裕。

第四，完善农村生态建设。加强农村生态文明建设和环境保护，完善农业生活设施，倡导绿色生产和生活方式，以优良生态支撑乡村振兴，让农村成为安居乐业的美丽家园。

第五，推进农村文化发展。加强农村公共文化建设，培育乡土文化人才，推动形成文明乡风、良好家风、淳朴民风。

3. 调动农民积极性

我国自古是农业大国，我国农民具备勤劳、聪慧的特点，农民的智慧点亮了我国的历史发展长河。新中国成立以来，我国农民在实践中探索了“大包干”、发展乡镇企业、建农民新城与农家乐旅游等成功做法，经党和政府总结、提升、扶持、推广，转化为促进生产力发展和农民增收致富的巨大能量。

尊重农民首创精神、鼓励农民大胆探索是党的群众路线的生动体现，也是实践证明行之有效、理当继续坚持的原则要求。在推进乡村振兴的过程中，必须认清农民主体地位，汇聚支农助农兴农的力量。

首先，保障并维护农民的合法利益和民主权利。在经济上切实维护农民的物质利益，在政治上充分保障农民的民主权利，是保护和调动农民积极性的两个方面。要坚持“多予、少取、放活”的方针，加快发展现代农业和农村经济，大力提升农村公共服务水平，推进农村基层民主建设和村务公开，不断增强乡村治理能力，从而让农民真正获得实惠，激发其作为主体投身乡村振兴的积极性和创造性。

其次，制定并实施长期稳定农村基本政策。坚持以家庭承包经营为基础、统分结合的双层经营制度，长期稳定土地承包关系，实行土地所有权、承包权、经营权“三权”分置，促进土地合理流转，发展适度规模经营。坚持劳动所得为主和按生产要素分配相结合，鼓励农民通过诚实劳动、合法经营和加大资本、技术投入等方式富起来，倡导先富帮助和带动后富，实现共同富裕。在提高粮食生产能力的同时，积极发展多种经营，推动农业农村经济结构调整。这些基本政策符合农民的利益和愿望，有利于调动亿万农民的积极性，保护和发展农村生产力。

再次，充分尊重农民的生产经营自主权。市场经济与计划经济存在本质区别，在市场经济下，农户作为独立的经营主体和自负盈亏的风险承担者，其生产经营的自主权理当受到尊重。应支持农民根据市场需要和个人意愿，选择生产项目和经营方式，实现生产要素跨区域的合理流动。政府应侧重于规划引导、政策指导和提供信息、科技、营销等服务，创造良好的生产条件和公平有序的市场环境。

最后，鼓励农民在实践中积极创新。乡镇企业也是基层农业单位和农民自己创造的。普通农民可以变为农业生产者、打工者、进城经商者、经营管理者、民营企业家，魔术般的角色转换中蕴含着农民的智慧和创造。尊重农民、支持探索、鼓励创造，就能找到解决“三农”问题的有效办法，就会更好地加强和改进“三农”。

三、文旅融合与乡村振兴的有效衔接

（一）文旅融合与乡村振兴衔接的逻辑关系

1. 乡村文化旅游与乡村文化建设的双向互动

乡村旅游作为促进乡村经济和产业发展的一种手段，是对农村自然、生态及文化的再生产。自 2015 年以来，党中央和各级人民政府对乡村振兴战略出台了多项政策文件，共同强调以共建共享、融合发展的指导原则推进乡村旅游与农业、教育、文化创意、健康、养老等产业的深度融合，依托农业开发多种业态的乡村休闲产品，做大做强乡村旅游产业，文旅融合与乡村振兴战略的内在关联日趋紧密。

首先，产业兴旺、生态宜居、乡风文明、治理有效、生活富裕是乡村振兴战略的总体要求和目标。2019 年中共中央、国务院公开发布《关于坚持农业农村优先发展做好“三农”工作的若干意见》，指出要全面建成小康社会必须实现农业富强、乡村美丽、农民富裕，因而需要发展乡村特色产业，实现“一村一品”，创新发展民族特色的手工业、旅游服务业、文化礼堂等。乡村文化与旅游彼此融合发展是文旅融合战略的核心内容。在乡村振兴战略中，可以通过促进乡村文化旅游业、手工业等的发展带动其他产业发展，进而实现乡村全产业链发展。从长远角度来说，无论是乡村振兴战略还是文旅融合战略，都是为了促进农业农村发展，振兴乡村文化，从目标和作用对象的层面来说，两者具有高度的统一性。

其次，文旅融合战略的提出既体现出文化的旅游载体，又促进了旅游对文化的彰显和传承。乡村文化旅游作为乡村旅游的文化升级，能够充分发挥乡村文化的资源价值，促使乡村旅游产业提质增效。乡村文化旅游业态与乡村文化建设目标关联，进而促进乡村文化旅游与乡村文化建设之间存在方式与效益的互动关联。一方面，乡村文化旅游是乡村文化建设的方式选择。通过发展旅游推动乡村振兴的前提是这种旅游振兴具有有效性，要使旅游效果达到最大化，需要不断挖掘和赋予乡村旅游新的文化价值，从乡村旅游到乡村文化旅游不是简单的旅游资源转换，而是对乡村旅游产业结构和发展模式的创新调整。乡村文化旅游推动乡村文化的活化利用与现代转换是促进乡村文化建设的有效手段。另一方面，乡村文化建设是乡村文化旅游的有益导向。文化的传承与创新是旅游业发展中的关键一环，是不可忽视的重要组成部分，在乡村文化旅游的发展进程中，加强对乡村资源的合理开发和利用以及对传统乡村文化的传承与保护，开发特色乡村旅游之路，重塑乡村旅游生态文明建设，对乡村振兴战略的实现具有重要意义。

再次，打通乡村一、二、三产业是文旅融合战略与乡村振兴战略的联结点。文旅融合发展首先要推进理念融合，要从根本上、思想上夯实文旅融合发展的基础，以各类文化和旅游产业组织为基本依托，通过产业联动、技术渗透等方式扬长避短，发挥各自的优势，形成新的创新点和增长点，采用“文化＋”“旅游＋”的发展模式，推动文化、旅游及相关产业融合发展，将一、二、三产业有机地整合在一起，形成新的产业链条，不断培育新业态，创建良好业态结构。乡村是乡村振兴战略的出发点和落脚点，乡村振兴主要的目标就是加强乡村基础设施建设，提高民生保障，扶植农业农村持续健康发展，开发特色乡村产业，也就是推动乡村一、二、三产业联合发展。

最后，文旅融合与乡村振兴具有联动性。文旅融合战略的推动为乡村振兴战略的实施提供了新的发展路线，二者互相渗透、互促互进。文旅融合不仅可以促进农业转型，推动文化、旅游及相关产业融合发展，提高经济效益，解决乡村就业压力，提高农民收入，还能够帮助保护乡村历史文化、促进乡村非遗传承，推动乡村文创空间建设进程等。乡村振兴的建设规划经历了从扶贫到扶智，乡村战略也由脱贫攻坚递进到乡村振兴。

2. 乡村文化旅游拥有“造血”与“输血”的内外力量

乡村建设动力问题的解决需要从内外两个角度综合考虑。乡村振兴战略与乡村文化旅游产业实践在外部政策背景推动和内部产业能力拉动两个方面为乡村振兴建设提供助力。乡村振兴战略的扶持为乡村振兴实践带来外在的政策红利和资本引入，乡村文化旅游的产业实践为乡村文化振兴提供内在的产业依据。不同于外来“输血式”的乡村建设方式，乡村产业的建设和产业化发展与乡村建设的持续动力相关，是将技术与资源下沉到乡村、将市场意识与产业方式引入到乡村、将生产技艺与生产能力传授给农民的“造血”式发展模式。政策驱动下的资源下沉与文化旅游带动下农民生产能力提升的结合，使得乡村文旅产业在乡村振兴实践中将能利用的资源充分地利用起来，将能调动的村民生产能力积极地发挥出来，将农民的农忙时间与农闲时间恰当地结合起来，将农民个体与组织集体重新连接起来。

乡村文化旅游产业实践为乡村地区提供了发展的产业载体，产业是乡村地区发展的必然依据和可持续性动力，乡村文旅产业的发展为村民提供了新的生产和生活方式选择，为乡村的基础设施和公共服务建设提供了更新与提升的外来驱动力，在渐进的发展过程中内发地塑造农民的现代生活意识与能力，紧紧把握乡村振兴的时代契机和追寻“乡愁”的社会需求，可以实现内外部发展力量的充分发挥。乡村文化旅游产业融合将为乡村振兴带来产业高质量发展转型的同时在文化层面上发挥改善作用，集中表现为城市的现代化生产生活方式带到农村，以带动乡村经济的发展，推动现代化的乡村文化建设，弥补乡村文化与城市文化的隔阂，改善农民闲暇时间的无意义感，引导乡村新时代价值观念体系的重塑。

3. 乡村文化旅游促进乡村现代化与美好生活的统筹实现

乡村振兴不仅关注乡村文化的振兴，还注重乡村文化全面复兴所产生的价值与目标。乡村文化旅游的产业实践将创造价值的文化与分享价值的旅游结合起来，在促进乡村文化建设与乡村文化振兴的过程中作用于乡村的全方位振兴。

乡村振兴战略是在农业现代化滞后、城乡发展不平衡不充分的背景下提出来的。它是全面建成小康社会、全面建设社会主义现代化国家的历史任务。如果关系国计民生的根本性“三农”问题得不到解决，我国的整体现代化目标就存在着短板和基础缺陷。因此，乡村文化旅游与乡村文化振兴的共同目标即促进乡村现代化的实现。这个目标与农民生产生活的现代化相关，是通过文化旅游促进农民、农村、农业现代化转型的新模式，与城乡不平衡不充分的发展矛盾相关，城乡居民具有同等追求美好生活的需要和权利，在文化旅游的融合实践中，农民的美好生活追求被重新激发并付诸实践。

（二）文旅融合与乡村振兴有效衔接的政策框架与路径

1. 文旅融合与乡村振兴衔接的政策框架

衔接文旅融合与乡村振兴的关键环节是基层政策，这包括对微观政策的调整和融合。文旅融合策略及乡村振兴策略之间的联系就在于推动农村旅游的发展，以此来维护生态平衡、优化管理架构并吸引优质人才。近些年，由文化和旅游部牵头的多部门发布了许多关于旅游扶贫的相关政策，如乡村文化的保育措施、农村金融方案、公共文化服务的实施等，因此，地方政府应在此基础上，基于发展的视角，从公用性和建构性的角度，就基础设施构建、乡村规划设计、产业发展转型、管理提升和人才引进培养等问题制定科学合理的配套政策，以便更好地支持国家的整体战略。

2. 文旅融合与乡村振兴衔接的政策路径

乡村振兴战略与文旅融合战略的政策衔接可以通过投入保障、基础设施、产业规划和人才培养政策方面来实现。

（1）投入保障政策的有效衔接

我国一直注重“三农”问题，尤其是农业农村的发展情况，各级行政机构也发布了许多有关经济援助和社会保障措施以助力乡村振兴，旨在激励社会投资进入农产品生产及相关服务的供应环节，同时加速优化农业产业结构布局，提升农民生活质量水平等方面的改进举措落实到位，确保在实现供需两侧平衡下的深度转型升级目标任务的同时，进一步强化政策支持保障，积极推广国家级政府和社会资本合作（PPP）示范区的创建活动，从而全面推动 PPP 模式发展。2018 年文化和旅游部联合其他部委出台了《关于促进乡村旅游可持续发展的指导意见》，提出加大对乡村旅游项目的资金支持力度。可见，这两大战略都注重如何解决乡村振兴所需经费的问题，地方管理者可以根据国家的方针路线制定出适合本地特色且符合实际需求的相关财税制度安排（如设定专门用于资助当地传统文化或观光游乐事业开发的项目专款）并在相关的财经补助办法里明确规定此类支出预算额度。

（2）基础设施政策的有效衔接

近些年来，提升农村基础设施建设被视为推动城乡平等化的关键任务的一部分，因此各地方行政部门都在积极调整对乡村基建项目的投资比例。2019 年自然资源部出台《关于加强村庄规划促进乡村振兴的通知》，体现出乡村规划是乡村振兴战略中十分重要的一环，在建设过程中，要统筹历史文化传承与保护，优化调整农业用地布局，加大政策支持力度，做好新时代的村庄规划编制和实施管理工作，加强农村基础建设，基层政府应将基础设施建设作为产业政策的基础。

（3）产业规划政策的有效衔接

乡村产业规划是乡村产业振兴的必由之路，在中共中央、国务院印发的《乡村振兴战略规划（2018—2022年）》中提出推进城乡统一规划，通盘考虑城镇和乡村发展，对于乡村发展规划需要对农业用地、城乡建设用地、交通水利用地、其他建设用地进行划分，应预留与乡村旅游相关产业的用地。2018年9月，《国家发展改革委办公厅关于建立特色小镇和特色小城镇高质量发展机制的通知》提出打造乡镇主产业与旅游融合的文旅小镇思路。基层政府应将文化旅游及相关产业纳入总体发展框架。

（4）人才培养政策的有效衔接

2018年，中共中央、国务院印发的《乡村振兴战略规划（2018—2022年）》明确提到要实行更加积极、开放、有效的人才政策，推动乡村人才振兴。通过“新乡贤”政策为乡村打通“人才下乡”的立体化通道，使新乡贤“回得来”“留得住”“干得好”。

2018年7月，文化和旅游部办公厅和国务院扶贫办综合司联合发布的《关于支持设立非遗扶贫就业工坊的通知》，旨在鼓励优秀的传统文化技艺继承人和手工艺者前往贫困区域进行授课，并建立非遗工坊，以培育出具有文化传承和创新能力的新一代乡村人才。这表明我国对于农村人才发展政策的大力支持，地方政府也应制定相应的政策，如提供针对搬迁居民的社会保障覆盖方案，改善驻村人员的福利政策，并向待业人士提供职业咨询援助等。

3. 政策衔接中应注意的问题

我国的农村宏观政策已经相当健全，然而在政策的基础配套和执行方面还有待改进。因此，在基础政策的制定和执行过程中，应该强化村民的主导角色。在考虑两个战略联系时，需要注意以下问题。

（1）文旅融合与乡村振兴有效衔接要考虑农村内生文化资源

在实施乡村振兴战略以前，乡村文化政策的制定主要是围绕乡村公共文化资源展开的，而对乡村内生文化资源的关注度严重不足。所谓乡村内生资源，可以简单理解为是当地的风土人情、习俗规则及价值观的表现方式等，如地方性的节庆仪式、传统的舞蹈表演或是手工艺技术等方面都是属于此类范畴的内容。在文旅融合与乡村振兴战略的衔接中，应该积极制定相关的基础政策来鼓励保护当地的传统的风俗习惯和传统的民间艺术，并将这些风土人情和民俗文化融入乡村旅游的服务之中。传统村落作为乡村旅游的载体，承载、反映着一个民族的历史进程，凝聚着一个区域的历史记忆，通过乡村旅游不仅可以唤醒“乡愁”这一情感记忆，同时也可以重建乡村文化内涵，重构乡村文化符号，推进特色乡村旅游发展进程。

（2）文旅融合与乡村振兴有效衔接要考虑当地自然

在制定产业发展相关政策时，生态环境保护和可持续性的重要性不容忽视，必须将乡村的自然资源、人文资源和生态资源及环境情况作为重点考虑对象。事实上，这一观念可以追溯到 1989 年的英国，“绿色经济”强调在经济发展过程中要充分尊重自然环境的承载力。到了 2007 年，联合国环境规划署正式对“绿色经济”进行了明确界定，绿色经济是重视人与自然、能创造体面高薪工作的经济。

乡村旅游是乡村振兴战略与文旅融合战略的主要衔接领域，而乡村旅游在整个发展过程中必须要与所在区域的自然资源、人文资源与生态资源互相兼容、互相促进，维持可持续发展状态，乡村旅游建设应坚持绿色的、可持续发展的经济理念，将环境保护作为基础前提对资源环境进行科学合理的开发和利用，将生态旅游与保护自然环境有机结合起来，从而达到一种和谐共生的自然形态。

（3）文旅融合与乡村振兴有效衔接应注意产业发展与民生改善

文旅融合与乡村振兴两大战略的衔接需对乡村振兴的各个方面进行全方位的思考，并将乡村振兴的各个层面的问题都要涵盖在内，在对乡村公共服务基础设施进行建设时，就应该将该区域内的基础旅游建设提前纳入规划中，在制定相关政策和产业规划时，也要将对生态环境的保护和人们的居住环境考虑进去。另外，衔接过程中还需要在诸如发展商业活动、增加农民工作机会和生活水平提高等问题上做综合性的安排。以日本白川乡为例，其在进行乡村振兴时将世界文化遗产“合掌屋”有机地与旅游业进行了融合，不仅带动了当地经济发展，还促进了地方文化的传承，延续传统的手工艺品制作技术，同时也吸引了更多的年轻人投身这个行业，在提升经济效益和社会效益的同时也完成了乡村人才培养，克服了因乡村“空心化”产生的弊端。

（4）文旅融合与乡村振兴有效衔接应让公民参与政策制定

文旅融合与乡村振兴战略的衔接，除了需要政府从基层政策的制定和执行层面给予支持，还应该让当地公民充分参与到政策的制定中，村民也是政策执行和执行的主体，应该积极发动村民和社区组织积极参与其中，可以充分利用乡村“两委”的组织功能，村“两委”作为推进复兴计划的核心力量所在，可以通过设定村庄规则或召开村民讨论会等方式征求意见并听取建议，构建“政府引导＋村委组织＋村民参与”的乡村模式，以确保新出台的规定能够满足村民的期望并且能在实践过程中解决实际的问题。同时也可以充分吸纳基层民众对乡村建设的意见，共同推动乡村旅游业的发展。

总的来说，乡村旅游作为文旅融合战略和乡村振兴战略的衔接领域，其发展现状和发展趋势将对这两大战略的发展产生直接影响，因此，在乡村未来的发展规划中，应该因地制宜进行资源整合，促进乡村旅游发展，以更好地实现文旅融合战略和乡村振战略的衔接。

第二节　文旅融合背景下乡村旅游规划理念

规划是政府实现社会管理或经济管理的重要手段，是引导社会资源配置、有序发展的刚性工具。乡村旅游发展过程中出现的文化受损、旅游同质竞争、整体品质不高、产业培育不足、资金人才短缺、运营模式落后、土地利用错位、乡村社区主体旅游参与不足等问题和困境需要通过科学系统的规划加以引导和解决。充分挖掘乡村文化精神，传承与创新地方优秀传统文化，提升村民文化自觉意识，是留住“绿水青山”的同时“记得住乡愁”的根本。乡村旅游与乡村文化深度融合能够促进乡村旅游的业态创新和乡村文化资源的创意再生，推动乡村产业兴旺和文化振兴，进而带动乡村全面发展。

一、以人为本

发展是为了民生，乡村旅游规划首先要以人民群众的利益为主导，让乡村的生活感到舒适与便利，让外来游玩者感到轻松与开心。乡村是村民的家园，是他们世代开发建设的成果。乡村旅游规划如果忽略了村民的存在，便会缺乏生机活力。同时，村民还是乡村文化的主体，村民以其独特的智慧和辛勤的劳动为丰富多彩的乡村文化奠定了坚实的基础，乡村饮食习惯、风俗习惯、自然资源、民风民情等都是从村民多年的生产生活中被开发出来的，也将在村民的生产生活中被继续发展和传承。村民是乡村文化的根本，是吸引游客的关键因素。某种程度上，村民本身就是一种特殊的旅游资源，村民的价值观、人生观，穿衣打扮、举止行为、语言谈吐等都是乡村旅游资源中的组成部分，丰富了乡村旅游的内涵。乡村旅游规划的核心在于促成良好的主客互动，打造以人为本、主客共享、天人合一的乡村美好生活空间。

二、以产业发展为核心

随着社会的发展和时代背景的变化，很多长期居住在村落中的农户并不像老一辈的农民，愿意一直务农，但也并不希望长期远离故土去外地打工赚钱，为了缓解这种现象，农业发展的同时可以增强与其他产业的融合，共同发展，提供更多的就业机会，这样不仅可以结合当地农民的就业问题，还能够使其更好地投入对家乡的建设中。乡村旅游并不是简单的对当地的农业资源和自然资源进行开发，而是要在发展乡村旅游的同时带动其他产业发展或与其他产业共同发展，融合发展才是我国乡村旅游的主要方向之一。因此，需要全力推广城乡一体化进程下的第一、第二、第三产业的融合发展，拓展居民致富的路径选择，建立现代化农业的新框架结构，加速从传统向新型农业农村改革的方式转换过程，力求实现农村产业融合发展总体水平明显提升、农业竞争力明显提高、农民收入持续增加、农村活力显著增强的总体目标，基本形成产业链条完整、功能多样、业态丰富、利益联结紧密、产城融合更加协调的乡村经济新格局。以“旅游 +”为发展方向，加强乡村与其他资源或产业的融合发展，构建“旅游 + 农业”“旅游 + 工业”“旅游 + 民俗”等发展网络，提高整体的经济效益和社会效益。

三、以乡村文化为灵魂

通过深入发掘并运用当地的地方文化可以使游客能在享受度假乐趣的过程中体验到乡村的历史文化、民间习俗及农业文明等。然而，随着城镇化进程的加快，农村正逐渐失去其文化特性，因此，传承与保护传统的乡村文化成为解决城市与农村之间矛盾的关键所在。要确保农村能够在持续进步的同时保持本我，并在文化和教育的影响下实现长期的发展潜力。

四、以基础设施为支撑

乡村发展离不开健全的基础设施建设，随着市场需求的不断变化，基础服务也需要同步提升与优化，要保证基础设施的完善，若缺乏完备的基础设施，即使乡村能走出一条独特的发展道路，但游客的满意度和体验感的下降，将对乡村旅游的健康、可持续发展产生不利影响。

五、以体验为价值特色

乡村旅游能为游客提供一种全新的、原始的体验方式。对游客体验感的重视有利于在发展乡村旅游的过程中寻觅到既符合农村特色又能满足游客多样化需求的项目。应借助各种独特且富有吸引力的活动来展示乡村的风采，使游客沉浸在自然中、感受自然，在忙碌的生活里找到一片宁静之地。

第三节　文旅融合背景下乡村旅游规划原则

一、生态性原则

乡村旅游景观的布局和设计应把生态环境视为首要考虑因素，以保护为核心，并将恢复生态系统设为主要目标。运用景观生态学的方法合理安排各类风景名胜区的数量和位置，同时充分体现出绿色环保的观念，力求减少对生态平衡体系的影响，实现开发与保护同步推进，保障自然资源的生物多样性和土地质量、水源等方面生态资源的持续稳定增长，尊重农业地区的原始生态结构，并在布局和设计的整个过程中始终坚持生态性的基本原则，从而打造宁静而自然的乡村生活空间。

二、互动体验性原则

当前游客更倾向于寻找能产生归属感和满足内心需求的旅游目的地，期望可以通过乡村旅游活动来体验民俗活动、品尝乡村菜肴、放松心情。因此，在进行乡村旅游的路线规划和景观建设过程中，要构建一种能让游客积极参与其中的环境，增加游客的体验感，如农业耕种及收割、鱼类捕捉、水域游戏、手工艺品制造、家庭式餐饮等。这样一来，游客就能在实际操作中切实地感受到乡村的生活方式。

三、突出乡土性原则

乡村旅游景点的规划与设计应充分考虑其本土特性，这可以通过两种方式来实现，一是展现当地独特的自然环境，二是对地域文化和历史遗产的传承。为了确保乡村旅游景点能够保持真实和独特，在设计之初就要对该地区的自然资源与人文资源进行全面分析，找出最具代表性的元素，防止文化被破坏或受到侵蚀。应强化乡村自身的特点，利用现有的材料，维护原始的乡村结构，让游客感受到纯正、自然的乡村氛围，从而建立起质朴而真挚的乡村形象。

四、整体发展原则

乡村旅游景点的设计不仅要着眼于提升乡村旅游业所带来的经济效益，还要综合考虑对乡村生态环境的保护、环境的提升等各个层面，在总体景点的布局规划中，要从点、线、面等多层次去平衡和调整，使各景观之间的搭配更加协调，这样既保持了各景点的独立特性又能互相关联，进而实现风景建设与自然环境相融合，形成整体发展的景区。

五、可持续发展原则

乡村旅游景观规划设计的可持续理念主要体现在生态、文化和经济三个维度，强调在保护的基础上构建，在构建过程中恢复受损的环境，以此来优化自然资源，确保自然生态体系能够持续繁衍；还应深入挖掘当地的历史文化并将其融合到多元的景观设计中，推动传统文化的发展和传播。此外，通过增强景区的吸引力，可以有效刺激乡村的经济增长。

第四节　文旅融合背景下乡村旅游产品开发

通常来说，旅游资源的开发可以分为两部分：一是通过运用科技与科学方法将具有潜力、值得开采的旅游资源个体转化为能激起游客游览热情的吸引物，同时也要适度优化游客的旅行环境，如交通设施、住宿餐饮等，促成旅游活动在此地形成的技术经济活动过程；二是关于旅游产品的深度挖掘，包括创造出能吸引游客的旅游商品并持续改进以提升这些商品的互动体验，此外还需要增强旅游服务人员及运营者的能力，加强对人力资源的开发和培养。

文化是旅游的精神内核，文化内涵直接决定了旅游产品的档次和品位。然而并非所有的乡村资源都能被有效地利用并推动乡村旅游的发展，被开发的乡村旅游资源需要具备历史性、观赏性、独特性等特点，特别是对于文化和历史资源，如民间习俗和民族风貌等深入探索和开发，强化其在乡村旅游中的重要地位，这样才能够真正激发起游客的兴趣。把文化融入乡村旅游，能为游客提供体验乡村文化魅力的途径，因此如何恰当地运用乡村文化旅游资源，提高乡村旅游的核心竞争优势成了必须关注的问题。

一、乡村旅游产品开发的理论基础

（一）旅游体验理论

旅游体验是游客最重视的感受，也是旅游领域最关注的主体之一。旅游体验可以理解为透过旅游这个媒介，使游客同外部世界建立连接并使其身心状态、精神状态、心理状态、思维模式等发生转变。在这个过程中，游客往往依赖观光、社交、购物和体验等方式，从而达到与外部世界的互动沟通。旅游体验是旅游的核心，游客通过旅游的方式使自己的身心得到放松，舒缓压力，个人需求和身心感受都得以满足，这是一种时间上的连续过程。在旅游产品的创新开发时，就必须将为游客创造独特、舒适且难忘的旅游体验作为首要考虑因素。乡村旅游作为一种特殊的体验式旅游形式，可以让游客投入更多的时间亲身参与、深入思考和领悟，以满足他们返璞归真、回归自然的内心渴望。所以，对于乡村体验型的旅游产品设计来说，最终的目标应该是达成人与大自然、文化和生态环境之间的和谐相处。

笔者结合国内外学者的观点，总结出了五种关于旅行体验的理论，其主要内容如下。

1.体验标准理论

基于心理学的视角，设定旅游的体验标准，舒畅和刺激被心理学专家认为是最理想的体验，也就是通过使游客感到舒适合理来使其完全融入并逐渐忽略自我存在的感知。

2.目标行为理论

从行为理论、控制理论和标准化理念的角度来看，旅游是一种具有明确目标的行为管理过程，是基于人的求知和审美等内在需求而产生的。

3.局内外人理论

在这个理论框架下，游客担任着该旅游区域的外部观察者的角色，而该地区的居民则成了内部人士。因为外部人员对于本地区的情况没有深入理解，他们无法完全领会到那些具有代表性的事物。这种主导观念逐渐转变为内外部人员可以利用时间与空间上的差异来建立一种共同利益关系。所以，为了成为一名能预先掌握并熟悉目的地历史及旅游资讯的外部观光客，需要具备对外界信息的敏锐感知能力。

4. 体验类型理论

由于旅游活动各异，游客的需求呈现多样化趋势，所以游客对旅游的期望也有所差异。体验旅游分为娱乐休闲、身心感受、避世舒缓压力、行动参与式体验和生活实质体验五个类别。这五大类别反映出不同的旅行目的，如恢复身体健康、寻找审美享受、远离繁杂的社会生活等。

5. 体验等级理论

从需要层次理论与旅游功能理论的角度来看，可以将旅游体验划分为享受大自然的乐趣、缓解压力、获取新知、建立价值观及产生愉悦感五大类。这些体验程度随着旅程的持续和发展逐步增强，这五大类是彼此关联且互相影响的一个统一体。

随着体验经济时代的发展，游客对传统的服务项目及品质含义产生了不满足感，人们期望获得更高级别且多元化的旅游需求。在这样的社会背景下，旅游业因其具有高度文化性，各旅游地之间的竞争问题逐渐显现，因此，如何通过创新的方式优化旅游产品的体验形态与内容成了各地区旅游行业亟待处理并改善的主要焦点。针对游客寻求探险、新鲜感、创造力的体验需求，旅游产品设计需要从文化和生态环境、自然景色、情感交流、娱乐性等方面进行整合和创新，以向市场供应全方位、多样化、各类别的非物质和服务性的旅游产品，以此满足市场的需求。

（二）可持续发展理论

在可持续发展的推进过程中，不仅要满足当代人的需求，更重要的是要避免对能够满足后代人需求的资源和能力产生危害，正因如此，可持续发展理论经历了长时间的研究过程，该理论的核心和本质就是要维持人类社会的永续发展，该理论的研究重点集中于经济发展、生态环境保护和社会三方面的问题上，即如何平衡这些因素以达到持久发展的目标，其本质在于对人与自然关系的处理上。可持续发展就是人口、经济、社会、资源和环境的协调发展，若忽略这一点可能导致一系列的社会危机出现并且付出巨大的成本。基于此种考虑，《可持续旅游发展宪章》《可持续旅游发展行动计划》等一系列法规政策的颁布和实施，就是要进一步强调乡村旅游在经济、社会和生态等方面的和谐共生发展。

尽管乡村旅游的迅速扩张推动了农村经济飞速发展，然而其成功的背后却常常伴随着对环境的损害。如果继续这样无节制的发展方式，乡村旅游资源将会遭到破坏，生态环境也会变得更糟糕。因此，为了实现可持续发展，政府发布了许多政策来指导乡村旅游转变思维模式，并强调保护环境的重要性，从而达到经济发展、社会和谐以及生态平衡的三者共赢局面。在设计乡村旅游产品时，要坚持可持续发展的理念原则，把保护自然资源和生态环境放在首位，以此保障乡村旅游经济的长久繁荣，让自然、生态和人文环境能够供后代永久使用。

二、乡村旅游产品的开发原则

乡村旅游产品开发可以理解为是从业者为满足不同旅游对象的多样化需求，在乡村空间环境中，对当地的自然资源、风土人情等进行科学合理的开发利用，打造出具有旅游吸引物、旅游设施和旅游服务的全方位的有形及无形的服务。

在乡村旅游产品的创新开发过程中，必须遵循以下六点基本原则。

（一）注重市场导向原则

产品的开发要以市场需求为导向，旅游产品也不例外，要将游客的需求以及乡村旅游市场的发展现状、发展规律及发展前景作为一切产品开发的前提，引导消费，促进旅游业发展。这样可以在满足游客对乡村旅游的需求的同时提高乡村旅游的经济利益。

（二）注重可持续发展原则

在旅游产品的创新开发过程中，要始终牢记以保护资源为主、开发与保护相结合的开发思路，科学合理地对自然资源进行开发并保持生态环境不被破坏，维持生态的可持续发展，将生态美学和人文美学进行合理的融合，这样不仅可以开发出特色的旅游产品，还能够使乡村旅游资源得到永久的保护和循环利用。

（三）注重乡村文化设计原则

文化是旅游产业发展的核心，因此在旅游产品的创新开发过程中，必须将乡村文化融入新产品的开发中，因地制宜，注重对区域自然特色与山间野趣的结合，通过旅游业的发展，使自然美学和文化艺术价值得到呈现，将乡村文化的独特内涵和价值最大化。

（四）注重参与体验原则

在旅游产品的创新开发过程中，可以利用当地的风土人情等特色优势，进行旅游产品个性化定制，根据不同的需求开发多种不同的旅游活动，提高游客的体验感和满意度。对游客个性化和差异化需求的满足不仅可以丰富旅游产品的多样性和功能性，同时也可以进一步带动旅游经济的发展。

（五）注重特色品牌原则

在旅游产品的创新开发过程中，必须提高旅游品牌意识，了解品牌效应，结合各区域社会、人文及生态等旅游资源的条件和特点，开发特色旅游项目，塑造独特的旅游形象及旅游线路，在保护生态环境的基础上最大限度地发挥区域特色，打造特色旅游品牌。

（六）注重综合效益原则

在旅游产品的创新开发过程中，要综合考虑开发、组合及设计三个维度，将乡村区域的社会、经济以及生态三方的综合效益放在最重要的位置，确保区域的经济、社会、生态能够和谐、共生、可持续发展。

第五章　我国文旅融合发展实践

本章为我国文旅融合发展实践，主要包括六节内容，分别是华北地区文旅融合实践、华东地区文旅融合实践、华南地区文旅融合实践、东北地区文旅融合实践、西北地区文旅融合实践、西南地区文旅融合实践。

第一节　华北地区文旅融合实践

一、北京：全国文化中心建设的文旅融合

（一）故宫博物院从“阳春白雪”转向“喜闻乐见”

故宫博物院是在明清皇宫和皇家收藏的基础上建立的，其成立于 1925 年，是我国最大的古代文化艺术博物馆。

过去，故宫博物院一直保持传统博物馆“高冷”的形象。展览虽有文化内涵，但并不为普通百姓所“喜闻乐见”，与普通百姓有一定的距离感。故宫里的文物被看作远离当今社会的物品，只是被观赏、研究的对象。这些文物有灿烂的过去，也应该有有尊严的现在，还应该健康地走向未来，所以故宫在改变，在往文旅融合的方向发展。

如今，故宫博物院自身的品质和角色仍旧存在，但形式和内容却从“阳春白雪”转向“喜闻乐见”。展览虽具有一定的专业性，但却尽可能地贴近人们的生活，从大部分受众可以理解的角度来设计展览。

（二）故宫博物院文旅融合的定位与理念

1. 精准的市场定位

在客群定位上，故宫刚开始将自己的产品客群定位在 35 岁到 50 岁的人们，

以男性为主，在产品设计上偏向传统。直到几款年轻化产品大受欢迎，才促使故宫调整步伐，更加注重年轻群体。如今，故宫已将自己的产品用户定位在 35 岁以下的人群，以女性为主。

（1）产品与生活对接

故宫之前推出的产品大多是一些具有观赏性的瓷器和绘画，虽属精品，却很难打动消费者。现在故宫研发的产品，除了上述产品，更多的是既富含文化底蕴又与大众生活息息相关的产品，让产品具有实用性，尽可能地扩大产品的覆盖面，包含文物藏品、生活用品、服装首饰、创意出版、创意家居、创意文具等方面。故宫文创产品不再是简单地复制藏品，而是找到了与社会生活的对接点。

（2）根据客群分类定价

不同的客群有不同的消费能力，故宫针对不同的客群大致可以把产品分为可爱系产品和文雅系产品。可爱系产品风格多以憨态可掬为主，迎合年轻群体，定价显得亲民；文雅系产品风格则多以典雅和别致为主，符合传统文化爱好者的品味，定价相对偏高。

2. 寓意导入故宫文化特质的理念

创意引申是指提炼故宫文化特质，并将其引申到具有相同特质的生活用品中；寓意导入是指将故宫文化中寄托美好祝福的话语或图案导入到日常生活用品中；主题系列是指利用同一主题的故宫文化，开发多种不同种类的文创产品。例如，故宫设计师设计的故宫猫形象，灵感就来自“猫保安”。截至 2023 年底，故宫的“保安猫”已经增加到 200 多只。设计师们充分发挥创造力，挖掘故宫猫背后的历史文化渊源、前世今生和文化寓意，设计出生动迷人“大内咪探”形象，并将猫咪衍生设计成卡通形象，打造了背包、挂式、手机配饰、帽子、扇子等系列文创产品。

（三）案例

1. 故宫夜游打开面向世界的另一扇窗口

2019 年春，为了拉动夜间经济，故宫首次在夜间开放。当时消息一出，举国上下一片沸腾，大家对夜间的故宫充满好奇。故宫在此节点开放，无异于给了大家一个机会去探索故宫的神秘。当然，更多的人对故宫的好奇并不止于电视上渲染的那些故事，作为国家的名片，故宫承载了几千年来中华民族的传统文化。

故宫夜游是北京夜间经济与文化旅游相融合的一步。北京是全国文化中心，作为首都，是面向全世界的一个窗口，这里有举世闻名的故宫、长城。自文化和旅游部设立后，全国各个地方都在探索文旅融合的新模式。以故宫为例，开放夜间故宫是其文旅融合的一个象征。

2. 科技引领下的文创商品

六百多岁的故宫虽顶着皇家招牌，但不是固执守旧的老人，它随着年龄的增长，越活越年轻。“文”能及时洞悉网络语言，“武”能勇于尝试高新科技。

在故宫博物院的官网上，可以看到大量具有故宫特色的文化产品出售，小到铅笔、橡皮，大到折扇、书籍。从这些产品上，能够感受到故宫的文化，这是中华民族沉淀多年的历史文化。故宫博物院里的这些文创产品外观美丽，富有古典的味道。

故宫博物院单单凭借文创商品一年收益就十分可观。文创商品不仅让严肃的文化走进年轻人的时尚生活，也带来了十分丰厚的收益。

3. 基于文化中心建设的实践特征

北京市基于文化中心建设进行文旅融合：在顶层设计上融合，聚焦全国文化中心建设；在高质量发展上融合，聚焦供给侧结构性改革；在品牌塑造上融合，聚焦文化旅游产品创新；在形成合力上融合，聚焦构建融合发展机制。

二、山西：特色乡村创意演绎剧场的文旅融合

（一）司徒小镇原创项目

山西省的文旅融合实践主要在特色乡村进行。司徒村是其中的典型案例。村民原创的乡村创意演艺剧场已成系列，先后问世的有《千年铁魂》《又见老山西》等项目，开创了农民原创、农民演出、农民经营、农民管理的发展模式，打造了国内首家自创、自编、自导、自管、自营的乡土人文创意项目，成了乡村旅游演艺项目投资的经典案例。此外，司徒村还投资开发了诸多商业休闲消费业态，经过市场的检验，大获成功。

（二）司徒小镇文旅融合的定位与理念

1. 瞄准“五个一”的定位

（1）编写一个好故事

通过对“九头十八匠”故事的传承，对“5000 年老山西人文”的嫁接，以及

对时尚文化“情景剧沉浸式互动演出”的创造，司徒村实现了从乡村振兴到特色小镇的发展，司徒小镇风生水起，成为备受欢迎的旅游消费目的地。

（2）谋划一个新产业

无论是特色小镇，还是乡村振兴，必须产业先行。产业的发展必须是“产业系 + 业态群”，这样才能够成为一种经济模式，这才是当地政府谋划的关键点。

（3）搭建一个大平台

吸引更多更好的创业型公司和人才来到司徒村是特色小镇可持续发展的基础。

（4）选择一个好环境

要想“生产、生活、生态”三生并重，良好的区位优势和生态环境必不可少。区位优势是特色小镇选址的比较优势，生态环境是特色小镇选址的成本优势。

（5）建好一条资本链

要想实现产业主导、产业先行、产业维系，就必须拿到当地政府的政策突破点、政策优势点、政策覆盖点，同时形成债股并行、渠道畅通的“投资—收益—退出”机制，这才是特色小镇成功的关键路径。

2. 繁荣优秀文化与发展现代经济相结合的理念

山西文旅融合把繁荣优秀文化与发展现代经济结合起来，把弘扬三晋优秀文化与加快文化旅游产业发展结合起来，推动文化功能与旅游价值、文化业态与旅游业态、文化创新及旅游创新进行多方位、全链条深度融合，实现资源共享、优势互补、协同并进，为文化建设和旅游发展提供新引擎和新动力，形成发展新优势，做强五台山、云冈石窟、平遥古城三大品牌，隆起黄河、长城、太行三大板块，完善大运黄金旅游廊道，构建全省域旅游发展新格局，加快把文化旅游业培育成山西省战略性支柱产业。

（三）案例

1. 改革破题，盘活集体资产

自 1999 年起，司徒村紧跟时代步伐，以经济建设为中心，以壮大集体经济为主线，带领全体村民闯出了一条工业发家、农业旺家、旅游成家的发展之路。第一个地面企业就是编织袋厂。2000 年 8 月，创和塑料制品厂诞生了，短短几个月。该厂便创造产值超百万元。2000 年至今，司徒村坚持以经济发展为重心，并且鼓励村民入股集体企业，享受集体经济发展红利。

2. 与时俱进，创新文化旅游项目

2010 年，该村在村南的一片垃圾山和渣石山上开始动工修建司徒小镇，当时以现代农业园为主，以晋城市现代都市农业园立项，到了 2011 年，运用农民土地市民种的理念，司徒小镇开启了第一个产品开心农场，土地由园区统一流转、统一经营。以旅游的“食住行游购娱”为导向，该村在 2015 年的国庆节成功开启了六尺巷。六尺巷即司徒小镇明清文化街，深度还原了老山西的市井生活。从开业到现在，临街小商户发展到百余家。

3. 整合资源，打造民俗实景剧

由于开心农场和六尺巷，司徒小镇逐步有了人气，举办了司徒小镇第一届民俗文化节，以“春到司徒”为主题，活动以打铁花为主。民间传统打铁花于 2015 年春节期间在司徒小镇的湖心小岛首次上演，从此司徒小镇一炮而红，总客流量实现快速增长，成了晋城市人气最旺的文化活动。

2015 年至今，司徒小镇已连续成功举办了六届民俗文化节，游客接待量屡次刷新晋城市旅游行业记录。独创的大型山水实景剧《千年铁魂》和《又见老山西》频频亮相于央视和各省市电视台，以及新浪、网易、搜狐等各大主流媒体。

4. 基于地方特色乡村文化进行创新

山西省基于民俗旅游建设进行文旅融合：基于当地特色乡村文化进行创新，开发乡村旅游演艺项目，发挥人文特色，共享资源，做强板块，激活运河廊道；构建新型产业，搭建创业平台，与时俱进，打造出盘活集体资产后的文化旅游巷、民俗实景剧；运用新浪、网易等主流媒体传播。

三、河北：以文化养分滋养旅游的文旅融合

（一）找准文化和旅游工作的最大公约数

河北省因地制宜进行文旅融合，将宜融则融、能融尽融融入文旅发展全过程，实现了崭新文旅空间格局构建、优质资源共享、不同区域特色互补、差异化协同并进。河北省以传统文化基础促进旅游开发、以文旅发展彰显文化特色、以先进文化发展带动文化产业二次创业，构建文旅一体化、差异化发展的文旅空间新格局。

（二）正定文旅旅合的定位与理念

1. 以文促旅，以旅富民

一个地域的文化旅游发展是以当地特色旅游资源为基础的，资源禀赋是文化资源的灵魂和基础。正定历史悠久，厚重的文化积淀成为正定独具魅力的文化资源。尤其是近几年来，正定将古城保护与文旅发展相结合，打造正定古城特色游项目，实现古迹保护修复和产业发展相得益彰的良性互动，取得了城市文化品牌知名度提升、市民生活品质提升、城市品味大幅提升的多赢效果。

在正定古城保护与文旅开发过程中，旅游产业逐渐成为当地以文促旅、以旅富民的乡村振兴支柱产业。正定以全域文化旅游带动区域发展，牢固树立文化带富理念，创新打造乡村旅游共富布景，深化城镇村工程，乡村旅游接待游客总人数逐年递增。正定组建了信息共享平台，实现了市场共拓、信息共享、线路共联、品质共提，促进了合作共赢，从古城到大院、从山区到平原、从城市到乡村，在推动旅游业发展过程中注重将各类文化资源向旅游资源靠拢，在旅游产品中融入文化元素，用文化的养分滋养旅游，全面提升了旅游景区的品位。

2. 以旅彰文，让游客体验文化内涵

以旅彰文成为正定旅游的独特模式，是这传统文化保护与文化产业发展二者结合的实际需求。随着旅游产业和文化产业在国民经济中的地位日益凸显，文旅融合也成了必然趋势，正定通过政府引导型模式、市场主导型模式、以旅彰文、旅游带动型模式、文化带动型模式和文旅一体化模式，形成了具有较强影响力的吴桥杂技、蔚县特色打树花、武强年画展等一批非物质文化遗产资源，通过群艺汇演、特色文创、数字化场景再现等多形式多渠道实现了文化可视化、体验化与产业化，在游客感受传统文化魅力的同时，推动正定品牌化。

3. 以文创业，以文旅产品撬开各项产业

正定推动以文创业，以智能技术为手段，将原创设计与传统文化结合，推动地域特色的深化数字开发，完成正定文创项目，强化城市文脉传承作用；构建多维度全媒体传播矩阵，加强主动营销，增强内容生产力，打响低空飞行、特色自驾居车直播游、游轮游艇等项目品牌。同时，加快数字文创开发，开展以 IP、微视频、动漫为形式传播活动，提升图书馆网络影响力和社会知名度。

（三）案例

1. 以旅兴文、以节造势、以节兴旅

千年正定，半色山水半色城。文化底蕴犹如一面旗帜，凝聚着正定的灵魂，彰显着一座城市的价值导向。正定传承弘扬优秀传统文化，不断提炼人文精神内核，并使之成为文化发展的动力，推动文化体制机制创新。近年来，河北把优秀传统文化作为文化旅游发开利用的灵魂，以旅游产业带动城市重新定位和蓬勃发展。这种系统推进，不仅使原有的传统文化资源获得新生，还开发了新市场、点燃了新活力，为文化产业增添了新内涵，这方面河北省最为典型的代表就是正定。正定厚重的传统文化基础成为旅游业发展极具特色的资源，走出了古城文化与新时期文旅发展深度融合的实践路径。古城古韵融合“古城＋时尚之都”“原野乡村＋韵美古城＋滹沱河”等多条精品旅游线路，串点为景，串联成片，打造了“古城雅韵、悠然正定”的品牌；抓住重要时间节点，按照“依节造势、以时造势”的思路，抓住中秋、重阳等传统假期“节点”，布置美丽正定“大美画卷”，吸引大批游客前来观光旅游，实现了从过去“门票创收经济”到全域旅游产业链转型升级，实现了文化旅游供给侧结构性改革，让全域旅游成为正定强县富民的特色文旅支柱。

2. 以文促旅、以旅彰文、以文创业

河北省因地制宜进行文旅融合，近年来坚持“宜融则融，能融尽融”，实现了资源共享、优势互补、协同并进，以文促旅、以旅彰文、以文创业。在推动文旅融合的同时，不断加速新型文化产业发展，推进旅游业持续发展。

第二节　华东地区文旅融合实践

一、上海：江南海派文化赋能旅游的跨界融合

（一）文化深度展现促进“旅游 +N”的跨界融合

1. “旅游 +N”的跨界融合

上海市商务委员会牵头的金秋购物旅游季打造了多条商旅文联动专线，整合了几百处名品、名牌、名店、名街。秋天是丰收时节，上海市农村农业委员会和市交通委员会推出了多条乡村精品旅游线路，全面呈现上海郊区最美乡村。上海

电影集团举办了“卡路里马拉松 · 无忧游园会”，多家长三角的知名品牌商带来的精美文创和互动活动吸引了广大市民游客参与。第三届中国（上海）国际健康旅游交易会成为旅游景区、中医药行业、体育养生跨界融合的重要平台，推动健康旅游产业合作共赢、繁荣发展。

2. 文化内涵的深度展现

上海的都市旅游资源离不开红色文化、海派文化和江南文化的赋能，只有赋予旅游“文化灵魂”，深度展现上海的文化内涵，才能为市民游客提供更好的文旅体验。2020 年，上海在旅游节期间全面升级“建筑可阅读”的内容，举办第二届文创集市，将上海的“建筑可阅读”逐步向资源特色开发的方向发展，让市民游客能更立体更直观地了解城市历史，品味城市文化。

（二）上海文旅融合的定位与理念

1. 多维融合，让文物“活”化、“建筑可阅读”

上海主要从产业融合、空间融合、服务融合、交流融合四方面推动落实文旅融合发展。在产业融合方面，上海着力推进文旅资源开发开放。例如，将博物馆、美术馆、剧场等文化场馆和设施融入旅游产品和线路；深化“建筑可阅读”项目，让文物“活”起来。目前，上海六个中心城区已有上千处建筑完成二维码设置，运用二维码扫读、建筑整体识别、位置服务、移动应用等技术，丰富市民游客的游览体验。

同时，上海不断推动文化旅游夜间消费。从 2020 年 7 月开始，上海首批博物馆每周五试点延长开放时间；上海市文化和旅游局集中发布了文旅场馆的夜游推荐名单，丰富市民游客选择。此外，上海着力提升旅游的文化内涵。例如，上海推动黄浦江游览提质升级，加强水岸联动，推出“快线游”等新游线，发布覆盖全市的“休闲好去处”，满足游客多元化的需求。

2. 培育城市文化旅游新空间，提升乡村旅游品质

在空间融合方面，上海通过聚焦重点“市民休闲首选地”区域、城市文化旅游新空间的培育、乡村旅游品质的提升，丰富市民游客可去、爱去的旅游休闲空间。在服务融合方面，上海以旅游公共服务中心、社区文化活动中心为主干，以文化场馆、旅游景区咨询服务点为补充，打造“城市文化旅游会客厅”，更好地发挥传播文化、推介旅游、展示上海的窗口作用；建好建强社区志愿服务者、讲解员（导游员）两支队伍，让讲解员（导游员）成为优秀文化的传播者。在交流融合方面，上海联合长三角省市推出“畅游长三角一票通”产品，发布长三角统

一的文旅企业红黑榜标准，持续提升长三角文化旅游吸引力、竞争力；同时，上海已与多个国家和地区同步开展文化传播和旅游推广，全力展示上海城市形象。

（三）案例

1. 将游乐园项目的溢出效应延伸至旅游

我国内地首座迪士尼乐园发生了溢出效应，上海迪士尼乐园辐射了整个长三角地区。迪士尼开园以来，大部分游客来自远端市场，迪士尼带来的延伸旅游不仅涉及上海市区，选择前往江苏、浙江旅游的游客数量占比也非常大。对此，有关部门推出了可畅游长三角地区多处文旅特色景点的“长三角 PASS”旅游年卡。“长三角 PASS”旅游年卡的推出，是长三角三省一市旅游资源加速集聚、沟通、串联的惠民成果。推出‘长三角 PASS’旅游年卡这款便民惠民产品，是为了让游客得到更多实惠，提升其满足感和幸福感。年卡首批推出“沪杭宁臻享版 299 元”“沪杭悠享版 199 元”等产品，总价值超过 3000 元，优惠力度非常大。未来，“长三角 PASS”旅游年卡将联动区域内更多城市，为长三角居民畅行、畅游长三角提供优质服务。

2. 实现产业、空间、服务、交流跨界融合

上海市基于旅游跨界融合进行文旅融合，整合上海市的名品、名牌、名店、名街，推进文旅商跨界融合，深度展现上海的文化内涵，从产业融合、空间融合、服务融合、交流融合四个方面推动落实文旅融合发展。

二、浙江：“八八战略”指引下的文旅融合繁荣发展

（一）践行“八八战略”，解码“文化基因”

2003 年，浙江省实施“八八战略”，提出进一步发挥浙江文化优势，持续推进科教兴省、人才强省，加快推进文化大省、提升城市文化软实力是增强城市综合实力和核心竞争力的必由之路。浙江省坚定不移深入实施“八八战略”，全力打造建设社会主义先进文化的市域实践范例，大力实施新时代文化台州工程，全面推进“文化基因”解码工程，深化新时代文艺精品创优工程，推进新时代文化地标建设，全面深化文旅融合，为打造共同富裕现代化示范引领市域样板贡献文化“软实力”支撑。

（二）浙江省文旅融合的定位与理念

1. 以战略发展眼光谋划文化旅游事业发展

“八八战略”是浙江省文化事业全局发展的长远布局。文旅融合作为浙江省文化事业发展的重要部分，在“八八战略”实施以后得到繁荣发展。浙江省坚持战略引领，深入推进文化工程，提升基础设施建设，优化公共文化服务体系，完善公共文化体制机制，持续激发文化产业发展动力，打响区域文化品牌，文化旅游事业建设与城市发展同向同力、相得益彰，让文旅融合的创新实践持续推动“八八战略”的实施。

2. 基于优秀传统文化的文旅融合基础

文化旅游事业发展离不开城市精神。城市精神既是历史的，也是现代的，是在优秀传统文化发展历程中不断与时俱进、吸纳百川，从而凝结成的符合新时代要求的现代城市文化。城市精神是以区域优秀传统文化为根基和土壤的。例如，浙江省台州市是中华“和合文化”的重要发祥地，广泛流传着“和合二仙”——寒山、拾得的传奇故事，被誉为“和合圣地”。儒释道融合发展凝聚而成的“和合文化”，成为融入台州人民血液之中的“文化基因”。千百年来，“和合文化”在台州传承和发展，潜移默化地影响着台州人的思维习惯、价值取向和行为方式，更为台州这座山海水城增添了人文底蕴，成为台州人代代相传的“文化基因”。台州又素有海外贸易的传统，形成了相对比较宽松、自由的文化传播环境，养成了台州人富有包容精神的文化性格。近年来，台州市委市政府高度重视“和合文化”建设，尤其是“八八战略”实施二十多年来，“和合文化”融入城市建设步伐日益加快，2016 年打造“和合圣地”成为台州城市新定位，2017 年台州被命名为“中国和合之乡”，2023 和合文化全球论坛在台州的天台县举行。尤其近年来，台州市委市政府从各个方面推动“和合文化”建设，政界与学界联动，著作频出，成果斐然。在社会治理上，“和合治理”发挥了重要作用，“和合文化”蕴涵凝聚共识、促进和谐的时代价值，和衷共济、团结合作、开放包容、求同存异、稳定有序、共治共赢的文化内涵使“和合文化”焕发新的时代魅力。

台州城市精神在传承台州传统文化精神基础上，又融合了改革开放和社会主义现代化建设新时期、中国特色社会主义新时代发展凝结的新的人文精神内涵，尤其是台州民营经济发展壮大的文化基因是台州民间的创新精神，从“抗台精神”到“四千精神”，这就是台州城市精神在“八八战略”中展现的基本路径。

台州地处浙东南沿海，台风是每年夏秋季节台州人民既“熟悉”又“紧张”的主要的自然灾害之一。二十多年来，“云娜”“海棠”“麦莎”“泰利”“卡努”“利奇马”等超强台风给台州人民留下了深刻的印记。面对狂风骤雨正面袭来的严峻考验，台州干部和群众合力，携手谱写了一曲又一曲威武雄壮、感人至深的抗台救灾之歌，也形成了台州市独有的“抗台精神”。

改革开放初期，台州人凭借“走遍千山万水，说尽千言万语，想尽千方百计，尝遍千辛万苦”的“四千精神”，勇于改革，善于创新，促进了台州经济社会快速发展。“四千精神”的特质和内核是责任、信心、创新、奉献，是台州人精神气质的整体呈现。

“八八战略”实施以来，台州人民面对各种危机，克服重重困难，完成腾笼换鸟、制造业转型升级，实现台州经济的二次腾飞，传统的“四千精神”在这一时期得到进一步提炼。2009 年，在全球金融危机冲击下，台州提出“千方百计提升品牌，千方百计保住订单，千方百计自主创新，千方百计加强管理”的新“四千精神”，表明台州城市精神在面对新的危机，在不断磨炼中与时俱进、越加成熟。这是台州人民在市场中拼搏、在竞争中成长、在困境中突围、在传承中创新的时代精神，生动反映了台州人文精神新的时代内涵，并随着时代发展不断拓展深化，激发出新的活力。

“八八战略”实施后，为了推动三区融合、增强新建椒江黄岩路桥三区市民的归属感和认同感、提升台州文化品位，台州市委提出了建设繁荣、文明、有序的现代化滨海城市的奋斗目标。台州市委在三届二次全会报告中明确指出，一个区域的人文精神深刻影响着人们的精神面貌、文化形态和发展模式。增强与提升软实力，最根本的就是要致力于人文精神的传承、改造和创新。经过全市人民的集思广益，市委将台州人文精神表述为“敢冒险，有硬气、善创造、不张扬”。

“敢冒险”是开拓和创新的勇气，“有硬气”是勇于创造的精神，“不张扬”既是台州人的一种淳朴秉性，也是台州人一以贯之的踏实作风。“敢冒险、有硬气、善创造、不张扬”人文精神的新提炼，既说明台州人文精神对台州经济、政治、文化和社会发展产生的巨大影响，也说明台州人文精神是持续激发内源性精神的源泉。

2007 年初，全市创业创新大会指出，要以完善、提升台州人文精神为基础，建设适应时代要求、特色鲜明的区域文化。同年，台州市委宣传部发布公告，面向社会公开征集台州精神的核心词。活动得到广大市民的热烈响应，共收到 6000

多篇稿件。最后，经过层层整理筛选，总结出“硬气、灵气、和气”的台州“三气”精神，获得了普遍共识和广泛认同。

2009 年，中共台州市委组织专家和学者成立台州人文精神课题组。专家学者经过反复研究讨论，在原台州“三气”基础上，进一步总结出“山的硬气、水的灵气、海的大气、人的和气”的台州“四气”，并建议将台州“四气”作为台州文化精神核心内涵固定下来。其中，“山的硬气”表现了台州人自强拼搏的精神；“水的灵气”表现了台州人善创造的秉性；“海的大气”则体现了台州人的大度胸襟；“人的和气”体现了台州人与区域内外人民兄弟般的情谊。值得一提的是，台州“四气”精神不再是仅作为文化口号，而是体现到民风民俗、城市宣传、老百姓社会生活的方方面面。

到 2017 年，台州市五届一次党代会报告中又指出，应秉承“山的硬气、海的大气、水的灵气、人的和气”，进一步凝练现代城市精神，增强城市文化性，共筑台州人的精神家园。2023 年 2 月，浙江省委主要领导在调研中寄语台州要以“山的硬气、海的大气、水的灵气、人的和气、拼的豪气”为基础，再创辉煌再展担当，把台州“四气”拓展为“五气”。这“五气”是对台州城市精神在文人精神层面的再次提炼，更加全面、生动、形象地概括了台州这座城市独特的精神气质。

2019 年，台州市五届三次党代会把“艰苦创业、奋发图强、无私奉献、开拓创新”的大陈岛垦荒精神作为台州城市精神。2020 年，台州明确以“垦荒精神立心”，打造城市精神“新坐标”。近年来，台州持续发力，把对大陈岛垦荒精神的研究、传承和弘扬提到了一个新高度。台州大力实施理论研究阐释行动，深挖精神宝库，提升价值认同，打造红色文化高地。从 2017 年开始，台州已连续举办七届大陈岛垦荒精神理论研讨会，先后编辑出版《永恒的丰碑——大陈岛垦荒精神读本》《峥嵘岁月稠——大陈岛垦荒精神口述史》《大陈岛垦荒精神论文集》《台州原动力：大陈岛垦荒精神报道集》等书籍；出品了报告文学《大陈岛密码》、纪实文学《岁月峥嵘岁月稠：大陈垦荒精神口述史》、台州乱弹大型现代戏《东海大垦荒》、大型通俗理论融媒体对话节目《垦荒精神不老》等一系列文艺精品项目。

把大陈岛垦荒精神升华为台州城市精神，是台州人文精神的再次升华，反映了以爱国主义为核心的民族精神和以改革创新为核心的时代精神，集中体现了台州人民共同的理想信念、人文底蕴、奋斗目标，展现出台州人由内而外的具有城市辨识度的群体意识和群体精神，把推动台州高质量发展、再创民营经济新辉煌作为翻篇归零的“垦荒”，为奋力谱写“两个高水平”台州新篇章注入强大精神动力。

3. 基于全方位发展文化产业的文旅融合基础

改革开放后，人们的物质生活也日渐丰富起来。在国内外流行文化、通俗文化的影响下，台州文化产业领域率先开始兴起的是广告行业。1995 年，台州第一家广告公司成立，文化产业发展进入快车道。经过几十年的发展，成立了文化产业银行、文化产业促进会文化产业招商专业组，举办中国（台州）创意设计大赛，每年开设文化产业培训班，为文化产业的项目招商，宣传推介、投资险资、人才培养等方面提供服务；将文化产业人才纳入精英计划，在项目扶特、人才待遇上给予倾斜。到 2016 年，台州共有国家级特色示范基地 2 个、国家文化产业重点项目 1 个、浙江省重点文化企业 1 家、省级文化产业园区 1 个。为推进“文化强市”建设。2017 年，台州两次召开全市文化产业发展大会，市委推动相关部门积极统筹推进加快出台台州文化改革发展的“十四五”规划，制定《关于推进文化产业高质量发展的实施意见》《台州文产新政三十条》等文件，提出“文化强市”建设目标，并构建精准有效的政策体系。

台州积极传承和保护文化遗产的文旅融合。截至 2023 年 12 月，台州共有各级文物保护单位 497 处（包括全国重点文保单位 17 处、省级文保单位 69 处、市县级文保单位 410 处，各类文物保护点 311 处），这是台州人民共同的宝贵财富。

“八八战略”实施以来，台州文化遗产的传承和保护主要采用政府主导、社会为辅的策略，物质文化遗产和非物质文化遗产保护传承途径主要是通过普查掌握信息，然后选择优质资源申报国家、省、市、县文物保护单位和非遗保护名录，后续再运用依托政策手段实施保护促进传承，走出一条具有台州特色的传承保护道路。新中国成立后，台州一共进行了 3 次文物普查，可移动文物普查进行过 1 次。4 次普查让台州的文化遗产丰富性从隐性走向显性，文化遗产的传承和保护得到了长足发展。

2007 年 6 月，台州实施了第三次文物普查。与前两次普查相比，此次普查规模大，涵盖内容丰富，信息网络、数码相机、卫星定位仪等现代科技段都运用其中。普查成果更加丰富、真实。此次文物普查共登记文物点 961 处，复查 461 处，登记信息点 4393 处，消失文物 19 处。新发现处文物中，古遗址 94 处，古墓葬 173 处，古建筑 1986 处，近现代重要史迹及代表性建筑 762 处，石窟寺及石刻 57 处，其他 16 处。其中玉环坎门验潮所、仙居古越族岩画群与下汤遗址和南峰塔福印山塔、温岭大溪东瓯古城遗址与江厦潮汐实验电站、椒江一江山岛战役遗址、黄岩瑞隆感应塔、临海千佛塔、天台红旗渡槽与水南许氏宗祠群、三门亭旁起义旧址被列入国家级重点文物保护单位。

2013 年，台州市人民政府办公室下发《关于在全市开展第一次全国可移动文物普查的通知》，全市组建了 10 支普查队，共派出 200 多名普查人员，历时 4 个多月，对全市 4395 家国有单位进行了摸底调查。此次普查查明收藏有文物的国有单位共计 94 家，认定、采集数据、规范登记的文献古籍、历史档案、书画作品和民族民俗文物等可移动文物 13 万多件。普查全面掌握了台州市可移动文物的数量、类型、分布、保存状况、保管权属和使用管理等基本情况。2001 年台州椒江区人民政府投入 8000 万元改造资金，本着“修旧如旧”原则施工，获得联合国教科文组织亚太文化遗产保护奖荣誉奖，2005 年 12 月正式对外开放，重现海门“小上海”的风貌。2016 年，台州“一江两岸”规划开始实施，将形成“一轴一带、双环六城”的空间布局，位于城市中心大道发展轴和滨江景观带黄金十字交叉点上的葭芷老街，将建设成为老城复兴的引爆点、传统与时尚的融合点、台州城市的金名片。

台州还积极进行非物质文化遗产保护和传承。2007 年，台州成为唯一被列入省级非物质文化遗产保护综合试点的地级市。也是从 2007 年开始，台州开展了深入的非物质文化遗产普查。经过深入的走访，共整理出 1260 个民间艺术项目，其中造型艺术类 502 个、表演艺术类 575 个、民俗类 183 个，基本涵盖了本地区非物质文化遗产资源的种类、数量、分布状况、生存环境、保护现状与存在问题。台州各县（市、区）都将各自的非物质文化遗产资源汇编成册，如台州市文化广电新闻出版局编纂完成《台州市民族民间艺术普查一览表（汇集本）》，为深入开展非物质文化遗产普查创造了有利条件。

与此同时，台州还逐步形成活态传承的非物质文化遗产保护模式，以推进国家、省、市、县四级非遗名录体系建设为重点，进一步健全以市、县级名录为基础的梯次结构名录体系。台州市非遗纳入国家级、省级和市级名录项目数量迅猛增长：2006 年有台州乱弹、黄沙狮子、济公传说、仙居花灯等项目进入第一批国家级保护名录；台州刺绣、台州玻璃雕刻技艺等 31 个项目进入浙江省名录；同时创建了市本级的保护名录，台州共有 58 个项目入选第一批台州市非物质文化遗产代表作名录；到 2017 年，台州共有 15 个项目进入国家级保护名录，106 个省级非遗保护项目，326 个市级非遗保护项目。台州还制定出台《台州市非物质文化遗产项目保护与管理办法》，完善国家、省、市、县级非物质文化遗产名录体系和科学有效的非遗传承机制，命名一批非遗生态保护区、传承（教学）基地、传统节日保护地、民间文化艺术之乡、代表性传承人，推进非物质文化遗产的“活态”传承，使具有重要历史、科学和文化价值而又处于濒危状态的非物质文化遗产得以有效保护和展示。

仅2022年，台州新增市级非遗代表性项目代表性传承人31位；新增市级非遗主题小镇3个、民俗文化村4个；新评选台州市非遗主题旅游线路10条，其中天台县“访佛道名山悟和合之道之旅”入选省级非遗主题旅游线路；“和合文化”省级传统工艺工作站入选浙江省传统工艺工作站创建名单；“台州刺绣”省级非遗工坊、“温岭草编”省级非遗工坊、“玉环火山茶”非遗工坊、“天台红曲酒”省级非遗工坊入选浙江省非遗工坊创建名单；玉环坎门鳌龙鱼灯舞在浙江省“非遗薪传”传统舞蹈展演展评活动中获非遗薪传奖。

“八八战略”实施以来，台州注重历史文化研究，成立天台山文化保护和申遗工作领导小组，统筹推进天台山文化申报世界文化遗产工作；举办浙东唐诗之路与台州文化理论研讨会，开展“诗路匠心”台州市文化遗产文创大赛，面向全球征集台州文创作品千余件；打造宋韵文化台州版图，宋韵台州“一记三展”系列活动宣传阅读量超过百万；筛查宋代不可移动文物106处、可移动文物4119件（套），使唐诗之路、宋韵文化成为主打品牌；强化古籍整理，出版《宝纶堂文钞》等影印本和《台州古籍存佚录》等点校本9本，《台州古代经济史研究》等著作4本。

（三）案例

1. 在中韩国际登山体验大会上感受民国风情

“叙中韩情 · 结雪窦缘”2019第六届溪口旅游“一带一路”中韩国际登山体验大会在宁波溪口雪窦山隆重举行。从韩国远道而来的登山爱好者、知名旅行商和重要媒体，还有从我国各地招募而来的登山爱好者、摄影爱好者、在校大学生、自驾游团队和各大媒体等，两国各方人士共500多人，携手参加了这次充满体验、记忆、友爱和活力的盛会。活动运用文化演绎与雪窦山水“对话”这一形式，在登山赛道沿途多节点布置了溪口民国风情展示、宁波非遗文化节目表演和韩国民俗演示，通过舞、茶、棋、琴、箫、食六个方面的演示，让现场的登山爱好者尤其是韩国友人们，全方位感受富有特质的溪口民国风情和浙东地域文化。

2. “海丝古港 · 微笑宁波”旅游品牌Logo建设

宁波市文化广电旅游局于2019年文化旅游节期间正式发布全新的宁波旅游

品牌，包括宁波旅游形象“海丝古港 · 微笑宁波”、宁波旅游宣传口号“顺着运河来看海”、宁波旅游 LOGO“阿拉宁波欢迎您”和宁波旅游特色产品等，发布会当日的观看量非常高。

宁波是海上丝绸之路的东方始发港和“一带一路”重要节点城市，被誉为记载古代丝绸之路的“活化石”，同时又是世界文化遗产中国大运河南端唯一的入海口。宁波市文化广电旅游局从这两大具有高度辨识度和影响力的品牌入手，提炼出“海丝古港 · 微笑宁波”这一旅游形象。同时，“顺着运河来看海”的宣传口号恰好把“大运河”与“海丝”两个最具影响力的世界级文化遗产串联起来，使旅游形象更加具体化、品牌化。

为充分展现宁波旅游主题形象，宁波市文化广电旅游局还重点开发以“四海”为特色的系列产品，包括海丝文化、海湾风情、海天佛国和海鲜美味。宁波还举办系列宣传推广活动，实施“诗画浙江、甬菜百碗”三年行动计划，打造浙江首个美食品牌；整合全市百个旅游景区、百家酒店民宿和百条精品线路，聚焦四海游，唱响四季歌。

3. 战略指引推动文旅产业发展

战略指引对文旅发展有着重要作用。“八八战略”深刻体现了浙江深厚的文化底蕴和文化传统与当今时代精神的有机结合，使台州人文精神的内涵得到丰富、提炼和升华，并使之成为文化发展的动力。台州人以独特的市场理念、经营胆识、吃苦精神，探索出了独具台州特色的经济发展模式，使台州迅速跻身我国沿海发达城市行列，成为我国改革开放的鲜活缩影。这其中，精神力量的重要作用从未缺席：从“敢冒险、有硬气、善创造、不张扬”的台州精神，到“敢冒险、有硬气、善创造、不张扬”的新台州精神和以“山的硬气、水的灵气、海的大气、人的和气”为特征的台州人文精神，再到以“大陈岛垦荒精神”为台州城市精神，一次次的飞跃，展现出台州人由内而外的具有城市辨识度的群体意识和群体精神。

当前，台州已经通过实施一系列有力行动，将“大陈岛垦荒精神”融入城市文化记忆和城市氛围营造的各个角落。未来，台州将坚持垦荒精神立心，始终把艰苦创业、奋发图强、无私奉献、开拓创新作为时代的最强音，铁肩担当，奋勇争先，唯实惟先、善作善成，以垦荒之志、垦荒之力，一步步将梦想照进现实。台州精神始终立足于地方悠久灿烂的历史文化和开拓进取的社会实践，不断萃取地域精华、厚植文化基因、顺应时代发展，不断为现代化建设目标提供不竭动力。

一是文旅体系愈加完善。全面开展全民文化普及工作，出台《关于进一步打造“文化大超市”推动全民艺术普及的实施意见》，升级“文化超市”为“文化大超市”，推动公共文化服务向村级末梢延伸；深入开展全民阅读活动，常态化开展“童萌汇小书坊”“嗨皮小书坊”“台州市民讲堂”“台州朗诵团”等品牌活动；加强新品牌培育，开展书香校园活动，深化与台州教育系统合作，依托馆校阵地，布局建设校园“阅读角”，多方联动构建阅读推广模式，扩大活动社会效应；依托馆藏资源，打造“翁森先生”“喜阅妹妹”“嗨皮猫”三个台州图书馆卡通形象，并以此开发一批文创产品，助力阅读推广及文化传承；启动第七次全国公共图书馆评估定级迎评工作；按照市政府第100次常务会议讨论通过的台州大剧院项目建设方案，部门协同推进台州大剧院建设，高标准落实省政府、市政府民生实事项目。

二是数字化跃升工程。数字化是未来公共服务领域的必由之路。文化服务数字化要求我们从服务方式、传播途径、交互手段等各方面丰富人们的文化体验，使数字文化生活“润物细无声”地融入人们的生活并成为一种刚性需要。二十多年来，台州从零基础，到全面对接“品质文化惠享”数字化平台，实现全市公共文化场馆监管、公共文化服务日常监测、综合指标考核、效能目标分析、数据统计使用等一体化一键式跨越。尤其是2020年以来，台州把“文化大超市”等的线下文化艺术活动陆续搬上云端，如台州市文化馆先后组织本馆业务干部和艺术家拍摄慕课；玉环文化馆自编自导自拍热门排舞短视频，学员可以选择自己感兴趣的课程，成功打造群众“家门口的艺校”。

三是配合局数字化专班做好“游省心”平台模块的应用场景布局工作。台州文化馆公共文化云建设项目入选国家公共文化云直录播。台州图书馆围绕共富任务“信用阅读服务改革”，打造的读者直接参与图书采购的台图信用点借平台于2023年5月上线，使“你借书，我买单”服务全面升级。公共文化数字化既是让文化更“活”的重要方式，也是让文化空间更“火”的重要途径。

四是文化标识解码步伐加快。台州完成3865个文化元素普查入库和174项重点文化元素解码工作，“台州文化基因库”基本建成：全市9个项目入选首批“浙江文化标识”，天台、三门文化基因解码成果被评为“优秀”，“大陈岛垦荒”等35个项目被评为“优秀解码项目”：总结和合文化建设成果，“和合文化基因解码暨文化标识建设成果展”在浙江图书馆、温州文化馆、丽水图书馆等地巡展，“和合文化”入选浙江省首批文化标识建设创新项目，路桥十里长街传统风貌样板区、“江南雅诗追梦古城”临海多媒体音乐会上榜浙江省首批文化基因解码成果转化利用示范项目，温岭石塘海韵风情等6个视频在浙江省文化基因解码工程短视频大赛获奖，黄岩区官河古道建设项目在全省文化标识建设推进会作典型发言，天台“和合文化”文化标识成果展亮相中国儒学馆，黄岩区官河古道南宋特色文化重塑项目获省政府督查奖励。

五是文旅品牌影响力持续扩大。二十多年来，台州深入挖掘各地文化特色，积极打造文化品牌，以“文“聚力，推动文化产业主体不断兴盛；保护传承发展台州刺绣技艺，台绣作品《原 · 衍生》《网络天下》被中国国家博物馆收藏，衍生出“纤艺绣”，形成独具台州地域刺绣特色的新流派，打造“台绣”文化品牌，构建起以“台绣”传统技艺为核心的文化创意产业链，以市场为导向、以再开发和再创造为路径，将非遗文化价值转化为创意资本，让传统非遗在新时代焕发生机。

六是各地优势文化资源陆续转化。浙东唐诗之路是富有诗画山水的文化之路，“诗路文化”不局限于诗文，而是融汇了书法、茶道、戏曲、民俗、民间传说、传统工艺等的文化之路，形成以文化人、以美育人的文化动力，成为全省最具韵味、具有中国气派和浙江标识度的文化品牌、文化“金名片”。“诗路文化”围绕诗画、山水、佛道、名人四大主题，凝练彰显“诗心自在”的文化内涵，提升了浙东唐诗之路的品牌美誉度和全国影响力。“诗路文化”演绎成为台州两条山水诗画自驾游线路，一是“天台山和合唐诗之旅”，二是“仙居仙境唐诗之旅”“诗路精品旅游线路”。浙东唐诗之路系列旅游节、文化节为台州文旅产业发展添赋新动能，“诗路文化”与“和合文化”是台州的两张“文化王牌”，也融汇成当地特有的文化自信。临海等5个县（市、区）入选2021年全国县域旅游综合实力百强县。台州府城墙和紫阳老街，传统与现代交融，古典与时尚辉映，至今仍保持着唐宋里坊格局和明清建筑风貌，是目前国内保存较为完整的一个历史街区，临海以台州府城文化旅游区创建国家级5A景区为契机，盘活文化资源，丰富旅游资产，把无形的文化融入有形的文旅之中，赋予古城文化产业的鲜活魅力。天台山风景名胜区、神仙居景区、台州府城文化旅游区等入选省级千万级核心大景区培育名单。临海、三门成为第二批浙江省全域旅游示范县（市、区）。仙居淡竹乡入选第一批全国乡村旅游重点镇（乡），天台后岸村入选第三批全国乡村旅游重点村。大陈岛等5地成为省级红色根脉打卡地。成功举办台州市首届文化创意精品展，开展浙东唐诗之路目的地——台州铁路列车冠名活动，天台唐诗之路博物馆工程建设、台州唐诗之路立法步伐加快。

七是文化产业项目建设蓬勃发展。项目是文化产业发展的载体。没有项目，发展文化产业就成了纸上谈兵。台州制定实施“四十百千”文旅重大项目推进工作方案，项目上墙、挂图作战。例如，台州大剧院项目实质性启动，华强方特即将建成，玉环海山国际旅游岛开工建设。台州还切实加强招商引资工作，出台全局全员招商制度，组织举行市政府与无锡拈花湾文化投资发展有限公司战略合作框架协议签约仪式。

八是全域文化旅游带动区域发展。台州牢固树立“绿水青山就是金山银山”理念，创新打造台州乡村旅游“共富八景”，相关做法被省政府信息专报和新华社、人民日报等主流媒体推介。台州深化“十城百镇千村”景区化工程，建成A级景区村庄1059个，全国乡村旅游重点村3个，提前完成“千村景区化”目标，乡村旅游接待游客总人数超过全市旅游总人数一半以上，全市休闲农业和乡村旅游产业规模达百亿元，带动受益农民超百万人。环神仙居旅游公路上榜第二届全国美丽乡村路，10条旅游路线入选省级休闲农业乡村旅游精品线路。台州联合温州、丽水成立“沿边村”乡村旅游发展联盟，发布“沿边百村”乡村旅游精品线路，组织开展百万台州人“沿边百村”乡村游活动，聚集乡村旅游优势资源，促进合作共赢。

九是文化市场治理平稳有序。台州通过“平安护航建党百年”安全隐患大排查大整治专项行动，紧盯责任落实、重点领域、隐患排查和宣传引导，确保文化和旅游领域平稳有序。台州强化旅游投诉调解与仲裁机制建设，推动形成《台州市旅游投诉调解与仲裁衔接工作机制》等一批工作规范，入选全国旅游投诉调解与仲裁试点城市；纵深推进“最多跑一次”改革，推广数字审批、智能秒办、无感智办、信用审批等举措，行政审批事项即办率、承诺压缩比、跑动次数均优于省定目标；推动长三角地区行政审批“跨省通办”，“营业性演出审批”事项达成台州—苏州高新区“跨省通办”。

十是民办文化独具特。“八八战略”实施以来，台州以文化体制改革为契机，加快培育文化市场主体，提升民营文化企业核心竞争力，推动民办文化蓬勃发展。通过各种政策鼓励社会力量包括个人、企业、社会团体兴办国家政策许可的各种文化经营活动。

在经营性文化产业领域，完善产业政策，优化服务环境，发动民间资本进入文化领域，鼓励社会捐赠公益性文化事业。出台政策规定凡是民间资本控股举办图书馆、科技馆、博物馆，其建设规费酌情减免，供地与经营税收参照公办性质执行。

在公益性文化事业领域，积极探索民办公益文化的新路子——“三个三”文化计划。“三个三”文化计划采取国资民资合作等多种方式，以激活民营资本，推动公益事业社会办、民间办。在解决公共文化载体、阵地、机制方面进行了有效探索，搭建了立体式的建设模式，既立足基层又有制度保障。一类是采取多种形式的文化项目在社会公开招标，如台州国际演出交易会等会展业，由政府提供场馆设施，民营企业唱主角，实行市场化运作；另一类是按照政府扶持、文化部门管理、社会化运作的要求由企业组建文艺演出团体。

台州鼓励民间资本和社会力量参与，吸引和鼓励资本和社会力量积极参与台州文化产业的发展，出台的《关于进一步加快文化产业发展的若干意见》立足民营经济为主体的市情，明确提出“谁投资、谁受益”的原则，对社会力量兴办文化产业实行优惠政策，实现了文化产业的投资主体由一元化向多元化转变。台州的多元主体投资模式可以概括为以下三种。

其一，深入实施文化基因解码工程。台州完善《台州市文化标识成果汇编》，持续更新台州市文化基因数据库，启动文化基因解码成果科学性复核工作；推动文化基因解码成果转化利用，指导天台县完成第一批文化标识建设创新培育项目验收工作。组织参加全省第二批文化标识建设创新项目遴选；结合消费品牌创建工作，推动艺术、美食、雅集等专题性文化基因解码转化利用项目成果落地。

其二，活态再生促进文化遗产成果转化。台州实施“宋韵文化传世工程”，推进台州宋韵文化创造性转化、创新性发展，打造宋韵文化台州版图；进一步打磨大型原创民族交响情景音乐会《宋韵台州》，组织排练浙东唐诗之路主题合唱作品，做好赴省城演出工作；启动“浙东唐诗之路”油画作品创作工程，丰富“浙东唐诗之路”艺术精品，提升品牌影响力，组织参加省级民间文化艺术之乡建设系列活动；路桥（路桥莲花）、天台三合镇（亭头词调）、黄岩新前街道（新前采茶舞）获评浙江省民间文化艺术之乡；持续推进章安故城、黄岩沙埠窑竹家岭窑址、下汤遗址等三大遗址考古发掘和保护工作，联合组建“上山文化”遗址群保护和联合申遗城市联盟，打响“万年台州”品牌；持续实施台州文献丛书编纂工程，全力开展“文化基因解码”工作，黄岩“官河古道”南宋特色文化重塑项目、路桥“中国曲艺之乡”提升工程列入《浙江省传承发展浙江优秀传统文化行动计划项目库》。

其三，对外文化交流工作亮点纷呈。天台县和合人间文化园被评为第二批浙江省国际人文交流基地。台州以讲好台州故事为着力点，组织全市文旅企业参加云南昆明2022中国国际旅游交易会、四川甘孜州文化和旅游发展大会、中国－东盟博览会旅游展；加强对口援建城市文化交流，组织文艺队伍赴新疆阿拉尔、四川甘孜等地开展文化走亲，组织文艺节目参加“我爱浙疆”浙阿农村文化礼堂优秀节目展演；举办“哈尔滨交响乐团”“浙江交响乐团”专场音乐会，“塔河源东海情”摄影展在椒江、黄岩、临海三地巡展，甘孜州文化交流演出在椒江、黄岩、玉环三地巡演，台州乱弹折子戏、坎门鳌龙鱼灯舞入选第一批浙江省公共文化国际交流项目。

在“八八战略”指引下，台州持续推进社会主义核心价值观与中华优秀传统文化深度融合，弘扬时代红色文化，深入挖掘垦荒精神的丰富内涵和时代价值，深入推动文化繁荣发展，持续抓好文化强市建设，不断加强以文铸魂、以文聚智、以文化人的制度创新和政策引领。

以城市文化软实力增强民营经济发展的文化动能。文化所构建的价值体系和文化产业所形成的文化辐射力共同形成的城市文化软实力，既是城市综合实力的重要组成部分，也是城市发展的文化精神力量，更是提升城市综合实力和竞争力的内在要求。“四千精神”体现的是台州民营企业历经坎坷磨炼形成的坚韧不拔、吃苦耐劳、不畏困难、百折不挠，折射的是与时俱进、善于学习、积极进取、勇于攀登。和谐共生的“和合文化”是民营经济发展的精神支撑，它不仅为民营企业提供了质变空间，还为民营经济的发展壮大提供了坚实土壤。“四千精神”也被时代赋予了全新的内涵，即积极适应时代的千变万化、主动经受创新的千锤百炼、在发展的前沿展现千姿万态、在新的征程上奔腾千军万马，加强文化软实力建设，促进经济社会高质量发展，为实现第二个百年奋斗目标贡献智慧力量。

以文化涵养城市，推进文化强市建设。文化发展成果惠及人民，由人民共享，是文化建设的根本目的。要以更好地满足人民群众精神文化需求为根本出发点，营造精神文明建设新风尚，健全完善公共文化服务体系，提升台州文化影响力和辐射力；深化社会主义精神文明建设，大力实施文化强市，秉承协同共赢理念，建设公共文化服务体系，按照统一的公共文化服务标准，形成全面覆盖、共建共有共享的公共文化服务设施网络；推动“美丽乡村艺术”活动，以艺术形式为乡村振兴注入文化活力；加强体制创新，切近群众实际，提升新闻舆论传播力、引导力、影响力、公信力；强化技术赋能，通过互联网技术，打造移动直播、虚拟技术、人工智能等新型互联网产品，实现融媒体时代的文化多元发展。

在我国现代化新征程中，要大力弘扬“艰苦创业、奋发图强、无私奉献、开拓创新”的“大陈岛垦荒精神”，传承台州“四气”，保持台州人民敢为人先、艰苦创业的优良传统，把现代化湾区建设和高质量发展作为台州新时代的“垦荒”，以勇立潮头的新气势、改革发展的新境界，唱响创新和实干的最强音，奋力推进习近平新时代中国特色社会主义思想在台州的生动实践。

以文化软实力提升城市竞争力。以垦荒精神为核心，全力打造“重要窗口”市域文化标识；积极推动台州历史文化研究工程，推进天台山文化保护和申遗工作，打造宋韵文化“台州版图”，推进浙东唐诗之路研究和文旅项目谋划，按照研究、保护、传承、开发思路，谋划工作载体、开展系列宣传、加强历史遗存保护，打造具有台州辨识度的文化标识；以加快打造文博强省为指引，全面贯彻落实全省文物工作会议精神，持续推进三大重点遗址（黄岩沙埠窑遗址、仙居下汤遗址公园、章安故城遗址）考古调查及保护利用；召开全市文物工作会议，扎实开展文物安全大提升攻坚行动，筑牢文物安全底线；实施台州市博物馆改造提升，提高全市博物馆运营和管理水平；加大非遗保护、传播展示和合理利用力度，承办2023全省文化和自然遗产日主场活动，成立台州市非遗保护协会，开展台州历史文化百场研学活动；推进文化遗产与旅游深度融合，促进“非遗助力共富”；深化文艺院团改革，激活台州乱弹活力，持续开展文艺名家（名团）展演、探索历史文化展演工程，实施舞台艺术中青年人才创作激励计划，举办大型原创民族交响情景音乐会《宋韵台州》、“浙东唐诗之路”油画水粉水彩作品创作及合唱音乐会等重大活动。

以公共文化服务推动现代化先行市建设。2023年台州市委市政府印发《关于高质量建设公共文化服务现代化先行市的实施意见》，出台《台州市公共文化服务现代化标准（2021—2025年）》，为未来五年台州市公共文化服务现代化建设明确了方向和路径；完善市场化社会化专业化驱动机制，进一步激活公共文化产品生产、基础文化设施建设、文化惠民项目运营；持续加强与四川甘孜、新疆阿拉尔、青海茫崖等地文旅对口工作。未来，台州公共文化服务建设将深入贯彻落实二十大精神和共同富裕示范区建设要求，以满足人们对美好生活的新期待为目标，为人们提供品质高、内容多、形式新的公共文化服务，推动公共文化服务现代化先行省建设如期完成。

公共文化产品供给高质化发展。台州以二十大精神宣传为主题，广泛开展群众文化活动赛事。计划高质量完成省市民生实事，打造以浙东唐诗之路数字体验馆为代表的一批新型公共文化空间；举办全国民营文艺表演团体改革发展研讨活动、市民艺术节等群体活动；持续实施文艺名家（名团）展演工程，推出舞台艺术中青年人才创作激励计划；全面开展“文艺赋美”工程，全市联动打响“周末草地音乐会”品牌，统筹艺术类校外培训机构等社会力量和资源，打造多点、高频、流动的文艺景观，分别在台州市非遗馆、台州市图书馆开展台州乱弹折子戏、台州民乐团《宋韵台州》常态化演出，满足人们的精神文化需求；做好《我的芳林村》等一批重点文艺精品赴国家大剧院、省人民大会堂巡演工作，指导台州乱弹现代戏《陈芳允》创排，实质化推动台州乱弹剧团体制改革，做好台州民乐团、合唱团等品牌团队扶持工作；深入实施文化惠民工程，提高对老年人、未成年人、残疾人、农民工等特殊群体文化供给的精准性；深化全民艺术普及和全民阅读工作，深化“文化大超市”迭代升级和服务提升工作；扎实推进城市艺术角、乡村美育计划等品牌建设，推动品牌服务和活动的系列化、常态化；重点做好全省全民艺术普及率测评工作，力争全民艺术普及率 75% 以上；以创成“全生命周期阅读服务体系”为目标，深化分层分众阅读，构建涵盖从新生婴儿到耆老长者的阅读活动矩阵，高水平办好“书香浙里”全民读书月、长三角阅读马拉松（台州站）、未成年人读书节等重大活动，助力“全民阅读之城”建设。

公共文化设施建设快车道推进。台州夯实公共文化设施，加快推动台州大剧院等文化地标建设，谋划台州美术馆、临海文化中心等前期工作；全面激活艺术普及生态，开展“文艺赋美”工程，全市联动打响“草地音乐会”品牌，推动“文化大超市”等品牌服务和活动的系列化、常态化、品质化。围绕市有“五馆一院一厅”、县有“四馆一院”、区有“三馆”、乡镇（街道）有综合文化站要求，加快推动台州大剧院、台州美术馆等文化地标建设；重点推进黄岩区文化馆新馆、临海市文化广场综合体、温岭市文化中心、玉环市文化艺术中心、天台县文化中心、仙居县城市文化综合体、台州湾新区文体中心等一批公共文化设施建设；贯彻落实省、市政府工作要求，对照《浙江省“15 分钟品质文化生活圈”建设指南》《“15 分钟品质文化生活圈”、城市书房、文化驿站建设认定办法》《浙江省城市书房服务规范》和《浙江省文化驿站建设指南》等要求，持续推进“15 分钟品质文化生活圈”、文化驿站等公共设施的建设。

以数字化改革引领文旅发展系统性重塑。过去几年，台州文旅系统的数字化改革取得了明显的进步，未来要坚持以服务对象为中心的数字化改革定位，以好用管用衡量改革成效，把数字化作为引流的抓手和体验的平台，回应群众、游客和企业的需求；加强重点应用开发，迭代升级游省心、文化圈、消费券、旅游调停等数字化应用场景，加快“宝安心”建设；筹建数媒中心，以服务市内外游客和服务中小文旅企业为根本，形成传播—交易—评价—调整的闭环式运营体系，力争年度服务群众达百万级以上；培育建成一批智慧景区，深化景区一卡通等智慧旅游便民服务场景，完善公共文化数字平台，整合文化资源，全面对接品质文化惠享平台，实现全市公共文化场馆监管、公共文化服务日常监测、综合指标考核、效能目标分析、数据统计使用等功能；重点提升浙里文化圈用户注册数、访问量、人均县级以上场馆线上线下融合服务人次、文化和旅游志愿者活跃率、线上文化资源的品质等各项考核指标。

加快数字文化馆建设。台州坚持以社会主义核心价值观引领全市公共数字文化建设方向，在科技与文化的共振中实现社会价值与文化价值的统一；对接智慧文化云、浙里办、浙里文化圈等平台，实现数字应用与互联互通建设、数据自立；加强全民艺术普及数字资源建设，提升数字化体验软硬件，提升线上线下联动、线上直播等新型文化服务和活动形态。

加快智慧图书馆建设。台州大力推进图书馆智慧化建设，以智能技术为手段，深化数字特藏开发，完成台州文献丛书细颗粒度二期项目，推进台州书画数据库等建设，强化城市文脉传承作用；构建多维度全媒体传播矩阵，加强主动营销，增强内容生产力，打响“云享新阅”直播品牌；加快数字文创开发，开展以微视频、动漫为形式的传播活动，提升图书馆的网络影响力和社会知名度。

全力构建崭新文旅空间格局。台州加强区域文旅一体化、差异化发展，构建中心城区文化旅游圈、滨海休闲旅游带、西部生态文化旅游圈等“一带两圈”文旅空间格局；建设一批高能级旅游功能区，全速推进全域旅游创建，力争创成国家 5A 级旅游景区 1 个、国家级旅游度假区 1 个，持续推进天台县创建国家全域旅游示范区，玉环、黄岩、温岭创建省级全域旅游示范县（市、区）；打造文化旅游夜游品牌，培育一批夜间经济集聚区；加快推进浙东唐诗之路目的地建设，培育一批标志性工程；大力推动四大海岛公园建设，加快华强方特、大陈岛综合旅游开发、台州府城文化旅游区、神仙居扩容提质工程等重点项目建设，力争实现全市文旅项目年度完成实际投资 200 亿元；加快实施台州市旅游业“微改造、精提升”五年行动计划，全面促进旅游业高品质提升和高质量发展。

倾力发展乡村旅游高效推进“共富八景”落地开花。台州继续打响台州乡村旅游“共富八景”品牌，打造乡村旅游促共同富裕的“台州样版”；纵深推进景区城（镇、村）创建工作，全年力争创建景区城 2 个、景区镇 20 个，培育一批具有文旅运营能力的“万村景区化”2.0版美丽乡村；深化“沿边百村”乡村旅游，助推沿边乡村发展，启动“台州沿边百村欢乐行”线上推广活动，探索构建台州“山海e宿”综合服务管理平台；深入推进天台石梁山地休闲度假、天台寒山、仙居淡竹民宿助力乡村振兴改革试点；发挥市民宿协会作用，举办“山海相约·520”乡村民宿音乐节等系列活动，创建一批精品民宿，打造文化主题民宿，推动台州民宿产业高质量发展。

全面融入长三角文化产业发展平台。台州全方位接轨大上海、融入长三角，举办上海·台州美食文化旅游节、浙东唐诗之路文化旅游节、长三角宣传推介等系列重大文旅活动，进一步打响“追着阳光去台州·神山秀水心归处”文旅品牌；优化“百县千碗·鲜在台州”品牌工程，打造世界美食之都，擦亮台州“好味道”品牌；深入实施文旅企业纾困与产业创新发展政策，发布2022年度文化和旅游产业扶持资金申报指南，强化文化产业示范基地创建工作，鼓励企业做大做强，开展凤凰行动、雄鹰行动、雏鹰行动，培育一批文旅龙头企业、骨干企业、新锐企业，争取更多企业纳入省级企业梯度培育计划名单。

三、江苏：文化创意和科技创新引领文旅融合

（一）打造融创意、科技为一体的时尚文化产业基地

大运河旅游带已与江南水乡古镇共同成为江苏旅游的代表性品牌。同时，江南丘陵休闲旅游区、里下河生态旅游区、环骆马湖休闲度假区三大新兴区域旅游集聚区接待游客量持续增长，足以见得新兴旅游集聚区的受欢迎程度。

以南京为例，南京拥有丰富的博物馆、纪念馆资源，同时积极鼓励文化创意产业发展，吸引了大量游客。例如，南京的1865创意产业园前身是洋务运动期间创建的金陵机器局，如今有关部门充分挖掘其历史文化底蕴，保护性开发利用老建筑，以文化创意和科技创新为主题内容，将园区打造成为国内外知名的融文化、创意、科技、旅游为一体的综合性时尚创意文化产业基地，是工业旅游的成功范例。

此外，南京举办了丰富的读书日、读书节、文化讲座等活动，积极建设综合性文化中心，获得了市民好评，如秦淮灯会荣获“2019非遗与旅游融合十大优秀案例”之首，很好地践行了宜融则融、能融尽融、以文促旅、以旅彰文的原则要求。

除了丰富多彩的文旅活动，南京市还通过文化旅游发展宣传，结合主要节

庆活动和重点工作进行多元宣传，打造特色旅游产品，如“文博之旅”“美食之旅”“生态之旅”“养心之旅”等深度体验主题线路产品；推出具有南京特色的科普游、名校游等研学旅游商品，鼓励旅游企业创新研发旅游产品，塑造“研学南京，成长旅行”的品牌形象。

（二）江苏省文旅融合的定位与理念

1. 搭建文旅融合平台

江苏省充分利用各地的自然禀赋和人文优势，坚持政府主导、市场运作、企业参与，推出一批具有融合特色的活动载体。比如，文化和旅游部与江苏共同主办的戏曲百戏（昆山）盛典，成为国内所有戏曲剧种集中交流演出、活态展现的首创之举。江苏省通过筹建中国戏曲博物馆，建设昆曲小镇、“百戏之林”，打造以戏曲文化为主题的旅游线路产品，努力实现戏曲传承发展与旅游资源开发的互促共进。比如，围绕贯彻落实习近平总书记关于大运河文化带建设的重要批示指示精神，筹办首届大运河文化旅游博览会，立足大运河全域，通过设置主题演出、展览展示、主题论坛、互动联动等板块，努力把大运河文化旅游博览会打造成为大运河文化带建设的标志性项目，成为国内外具有重要影响力的文旅融合品牌。

2. 用活文化旅游阵地

要适应游客参观、休闲、购物的新需求，就要进一步完善设施功能、丰富产品供给、提升服务水平，把博场馆打造成为有温度、有故事、有品位、有体验的“文化客厅”。尊重游客的感受和体验是当代旅游业转型发展的必然要求，要推动建设景区、度假区、乡村旅游区、精品民宿、旅游集散中心和游客服务中心等旅游场所，多注入文化元素，多增加文化体验项目，使其成为传播文明、体验文化、展示特色的重要窗口。

3. 把文化创建项目打造成旅游目的地

江苏省注重用旅游彰显文化创建的价值，把更多文化创建项目打造成旅游目的地。比如，南京 1865 创意产业园抓住创建国家级文化产业示范基地的契机，依靠文化创意和科技创新，对历史文化实施保护性开发利用，成为工业旅游的成功范例。此外，还应注重用文化提升旅游的内涵，把更多的文化创建项目打造成文旅融合精品。现在，上车睡觉、下车拍照的浅层次旅游已不能满足人们对旅游的需求，要在全域旅游、旅游风情小镇、乡村旅游、A 级旅游景区、旅游度假区等的创建中增加文化的底色和特色，让人们在旅游中有更多的文化获得感。

（三）案例

1. 资源深度融合，打造美丽乡村品牌

对传统旅游产业而言，依靠旅游观光、住宿、饮食来带动消费，对经济增长有一定的拉动作用。但是，以自然景观为基础，通过创意设计提升产品的文化意蕴与趣味，增强游客的消费体验，从而创造出更高的利润，延伸产业链条，将是景区发展的趋势。

道家文化、状元文化、淮剧小镇、爱情小镇……各地依托本土资源，不断延伸产业链条，加入品牌文化创意，以 IP 赋能乡村旅游。

2. 建设综合性景区

戏曲是中华民族伟大的精神财富，将戏曲元素和旅游相结合，能实现社会效益和经济效益的双赢。建湖是淮剧的主要发源地，淮剧小镇不只是小众淮剧爱好者独有的资源，还应将淮剧文化符号将融进城市里。到芦苇荡里感受一次自然风光，去淮剧小镇听一首古典戏曲，在温泉度假酒店泡一次温泉，九龙口度假区留给游客的将是集文化、旅游、看戏为一体的一站式深度旅游体验度假区。

看薰衣草去法国普罗旺斯太远，就来江宁谷里大塘金。谷里大塘金流传着这样的说法。2014 年 5 月，大塘金种植的 400 亩（1 亩 ≈ 666.67 平方米）薰衣草首次绽放，天然地形造就了“薰衣草梯田”的独特景观，得天独厚的薰衣草资源也给大塘金香草谷的发展提供了灵感。

3. 设立综合性文化中心

江苏省进行活化型文旅融合，充分发挥当地的丰富文化资源，积极建设综合性文化中心，搭建文旅融合平台，用活文化旅游阵地，深化文化旅游创建，实现文旅资源深度融合。

第三节　华南地区文旅融合实践

一、广东：文城相融、文经相促的文旅融合

（一）遇见岭南最美民宿，诗书升华旅途

在佛山市顺德区杏坛逢简水乡旅游景区漫步，既能遇见岭南最美民宿，也能用诗书升华旅途表达游客的心境。在三层楼的民国老宅梁公馆里，有一家名为民

国书舍的“粤书吧”，以民国时期文学作品为特色，举办“民国故事”品牌读书沙龙，为游客和居民带来独具民国风情的阅读体验。目前，“粤书吧”开展了多场文化活动，打造了“亲子悦读”“国学经典”“民国故事”三大品牌活动。

“十三五”时期，特别是佛山市文化广电旅游体育局组建以来，佛山市推动文化体制改革和机制创新走实走深，探索文旅融合发展新路径。除了“粤书吧”，佛山市还先后通过“两中心融合”（旅游咨询中心和综合性文化服务中心）试点建设、“旅图 · 晓读夜宿”文旅融合品牌建设、全市文旅体市场执法“同城一支队伍”等改革举措，不断打开文旅融合发展的新局面。

（二）佛山文旅融合的定位与理念

1. 建设更具品质的文化导向型城市

改革推动发展，创新补齐短板。2016 年 1 月以来，佛山市以改革创新为动力，以建设更具品质的文化导向型城市为目标，以“文城相融、文经相促、因文善治、因文立名”为路径，加快推进文化与城市、文化与经济融合发展。2017 年 4 月“文化佛山”三年行动计划开展以来，全市累计完成投资 478.7 亿元，完成三年计划投资的 104.3%。①

2. 提升文旅服务体系

“十三五”时期，佛山市以保障群众文化权益为出发点，镇、区、市三级持续推进公共文化设施建设，不断织密公共文体设施网络。禅城区文化馆、南海智慧图书馆、高明凌云山旅游度假区、三水北江文化活动中心等地已经建成一批文旅体公共设施项目，为人们提供了家门口零距离的公共文体活动阵地。目前，全市万人拥有公共文化设施室内面积 1768.89 平方米，人均体育场地面积 2.81 平方米。②

3. 推动非物质文化遗产焕彩弥新

作为陶艺之乡、武术之乡、粤剧之乡、龙舟龙狮文化名城的佛山拥有丰富的非物质文化遗产资源。“十三五”时期，佛山市通过开展非遗代表性项目和传承人评选，设立非遗保护专项资金，成立非遗传承基地和传习所，建立非遗专家库，改造升级非遗项目展示馆，举办非遗保护工作培训班，为省级以上非遗传承人建档等工作，推动非遗保护利用上新台阶。截至 2021 年，全市共有国家级非遗项

① 谭志红．“梅州现象”的热与冷 [N]. 中国文化报，2021-02-08.

② 文旅中国．广东佛山：文旅赋能让全面小康成色更足 [EB/OL]. (2021-01-07) [2023-12-21].https://baijiahao.baidu.com/s?id=1688197720290589778&wfr=spider&for=pc.

目 14 项、省级非遗项目 50 项、市级非遗项目 131 项，国家级传承人 15 人、省级传承人 58 人、市级传承人 226 人[①]。

（三）案例

1. 体验佛山非遗技艺，感受佛山传统文化

佛山市先后举办、承接了“佛山韵律 · 秋醉岭南”广东（佛山）非遗周暨佛山秋色巡游、“5 · 18 国际博物馆日”广东主会场、“文化和自然遗产日”系列活动暨“广东非遗购物节”佛山分会场等活动，做好文化遗产的保护利用工作，宣传发动、营造市民全员参与的氛围。尤其是在南海区大沥镇开幕的“物以载道——中国非遗数字展”，以“科技 + 非遗”打造沉浸式实景展厅，再现中华优秀传统文化的独特魅力。佛山建设了文化游径，其中，佛山功夫历史文化游径、佛山桑园围历史文化游径、佛山粤中抗战历史文化游径被列入广东省历史文化游径，南风古灶游径、佛山老城武术文化游径也被纳入首批粤港澳大湾区文化遗产游径。此外，还举办了佛山非遗文化体验交流活动，邀请德国、西班牙、日本等国家领事馆官员及家属到佛山，现场体验佛山非遗技艺，感受佛山传统文化。

2. 在“双区驱动效应”和新发展理念的推动下进行“展翅行动”

2020 年 12 月 18 日，“展翅——佛山市初创文创企业扶持行动”（以下简称“展翅行动”）启动。该活动旨在助力初创型文创企业做大做强。经过 3 年的努力，“展翅行动”已经成为集投融资、沟通交流、宣传展示等功能于一体的平台，为文化产业高质量发展注入源源不断的动力。

佛山市文化和旅游产业最显著的特征就是融合发展、集聚发展。近年来，在深圳先行示范区和粤港澳大湾区“双区驱动效应”和新发展理念的推动下，佛山市文化和旅游产业的示范性、带动性、竞争力明显增强，形成了以石湾中国陶谷为中心的陶瓷创意产业集聚区、以平州玉器街为中心的玉器产业集聚区、以张槎新媒体产业园为中心的数字文化产业集聚区等九大文旅产业集聚区。目前，佛山市共培育了 15 个特色小镇、23 个市级文化产业示范基地、6 个省级文化产业示范园区和 4 个国家级文化产业示范基地。同时，粤港澳大湾区电竞文创产业中心、顺德华侨城欢乐海岸项目、三龙湾澳门城文化创意产业园、佛山岭南文旅小镇、宋城 · 佛山千古情景区等重点文旅项目陆续建成。[②]

① 文旅中国．广东佛山：文旅赋能让全面小康成色更足[EB/OL]．(2021–01–07) [2023–12–21]．https://baijiahao.baidu.com/s?id=1688197720290589778&wfr=spider&for=pc．

② 同上．

3. 龙头项目引领，活化非遗显特色

广东省按照以旅彰文、以文塑旅的工作思路，探索非遗与旅游融合发展，充分践行非遗资源活化，取得不少可喜成果。截至 2020 年 6 月，全省共有省级代表性项目 701 项，国家级非物质文化遗产代表性项目名录 147 项，联合国教科文组织公布的人类《非物质文化遗产名录》项目 4 项；省级非物质文化遗产代表性传承人 837 人，国家级非物质文化遗产代表性传承人 132 人；省级文化生态保护实验区 9 个，国家级文化生态保护实验区 1 个；省级非遗生产性保护示范基地 45 个，国家级 4 个；省级非遗传承基地 143 个，研究基地 24 个。广东省借助岭南特有文化元素，开展一系列如民宿、书吧和文化展演等特色项目，在文化改革创新的同时，不断提升文旅服务体系，以此推动非物质文化遗产幻彩弥新。[①]

二、广西：民族、边关、长寿等文化资源的文旅融合

（一）桂林靖江王府还原历史、文商并重、福泽居民

靖江王府是全国重点文物保护单位，位于桂林市中心地带（现又称桂林王城），墙高门深、气势森然，建于明洪武五年（1372 年），并于洪武二十六年（1393 年）筑城墙。靖江王府至今已有六百多年的历史，比北京故宫建成的时间还早，是我国现今历史最长且保存最完好的明代藩王府。

（二）桂林靖江王府文旅融合的定位与理念

1. 让福寿文化活化

福寿文化已经有千年历史，祈福一直以来是我国传统文化之一。它承载着人们的美好向往，渗入人们的生活，不同民族在每一个重要节日中都有贴福、送福、接福等很多与福寿相关的习俗。桂林靖江王府内的独秀峰上镌刻着不同年代关于福寿主题的摩崖石刻，许多老百姓慕名前来祈福，所以独秀峰自古以来便有“福寿山”的美誉。其中，尤以刘伯温“风水福”、吕洞宾“长寿福”、明靖江王朱佐敬“万全福”、乾隆皇帝“天子福”、清代书法家郭司经“醉有福”深得当地百姓推崇。

① 文旅中国．广东佛山：文旅赋能让全面小康成色更足[EB/OL].（2021-01-07）[2023-12-21].https://baijiahao.baidu.com/s?id=1688197720290589778&wfr=spider&for=pc.

2. 结合科技，让游客阅尽王城知桂林

靖江王府博物馆将图文展示、实物陈列、雕塑绘画、场景复原和现代多媒体技术等多种表现方式结合，把游客的感知度摆在第一位，增加陈列的感染力和趣味性，将平淡的叙述和知识传递变成立体有趣的艺术呈现，在空间与时间的交错中感知“桂林山水甲天下，阅尽王城知桂林”的真谛所在。

3. 让游客体验“制拓之苦”，感受“得拓之乐”

非物质文化遗产体验馆——“王府拓坊”再现庄简王朱佐敬时期的制拓环境，让游客置身于“制拓之难”的现场氛围，通过制拓过程，游客可以体验“制拓之苦”，了解王府秘拓绝无仅有的文化价值和自制拓印的收藏意义，感受“得拓之乐”，弘扬和传播中华传统文化的精髓。

（三）案例

广西的地方民族民俗文化文旅融合遍地开花，三江侗族歌舞表演等让游客也参与文旅融合中。靖江王府是保护传承型文旅融合的典型代表，它是全国重点文物保护单位，是我国现今历史最长且保存最好的明代藩王府。桂林市借助文旅融合推陈出新，结合科技多维度展示，利用游客参与活化文化，让历史文化焕发出新的光彩。

三、海南：创新全要素资源的文旅融合

（一）多种形态的文化各具特色

海南省文化资源丰富且独特，历史文化、海洋文化、岛屿文化、民族民俗文化、红色文化、侨乡文化，以及生态文化、健康养身文化、现代时尚文化等多种形态的文化各具特色。“十三五”以来，海南省委、省政府一直坚持文化产业发展战略，建设自由贸易试验区，在逐步探索、稳步推进中国特色自由贸易港的大环境之下，推动文旅融合发展，使海南文创产品呈现出强势的发展劲头和不容小觑的发展潜力。

2020 年 11 月 14 日至 20 日，由海南省旅游和文化广电体育厅、琼海市人民政府主办，博鳌文创院、清华大学文化创意发展研究院、SMART 度假产业智慧平台联合主办的 2020 博鳌文创周在博鳌亚洲论坛国际会议中心成功举办。论坛聚集了多位跨领域专家学者和精英领袖、百余个垂直领域顶尖品牌、数十个文化创意行业、数十个垂直行业分论坛。

（二）海南文旅融合的定位与理念

1. 外与国际接轨，内重文化生态保护

海南省作为自由贸易试验区和中国特色自由贸易港，围绕国际旅游消费中心进行建设。海南省除了与国际接轨，还把文旅融合发展与调整产业结构、转变发展方式结合起来，与脱贫攻坚、乡村振兴结合起来，与生态保护、绿色发展结合起来，做好文旅融合高质量发展这篇大文章。海南走出了一条以乡村旅游为抓手，促使景点旅游模式向全域旅游模式更迭，以乡村旅游助推全域旅游，把乡村旅游与农民增收、乡村振兴相结合的独特路径。

2. 发力“文化＋”，亮丽国际旅游岛

文化是旅游的灵魂，旅游是文化的载体。海南作为旅游大省，面对市场发展的新形势，更要多措并举推动旅游和其他领域的融合发展。海南省旅游和文化广电体育厅未来将着力文化和旅游产业转型升级，培育文化和旅游消费新业态新热点；不断推动文化开放，打造海上丝绸之路的文化交流平台。还将引进国际优质资本和智力资源，系统提升旅游设施和旅游要素的国际化、标准化、信息化水平；要通过发力“文化＋”，拓展旅游消费发展空间，提升旅游消费服务质量，促进旅游消费国际化，为海南自贸区、自贸港建设提供坚实的文化支撑，为中外游客和海南人民提供更多优质服务，使海南国际旅游岛这张名片更亮丽更出彩。

3. 橡胶军垦、知青、归侨等文化与产业结合

海南橡胶拥有厚重的军垦文化、知青文化、归侨文化等历史文化资源，拥有温泉、冷泉、百年胶园等人文自然旅游资源。海南除了沙滩运动、水上运动、赛马运动发展规划等旅游、文体规划编制工作，还在积极推动招商项目落地，其中包括国家南海文博产业园项目、中国国家体育训练南方基地建设等。

（三）案例

1. 依托自然资源，借用科技与节庆演绎文化

海口火山群世界地质公园依托火山资源，深挖千年火山石文化，打造地质科普馆，创建火山农耕文化节等，让景区更加精细化，成为青少年宜学宜游的好去处。呀诺达热带雨林文化旅游区将热带雨林文化与本土文化有机融合，让游客在体验海南生态美景、雨林奇观的同时，感受海南热情、友善和独特的人文魅力。槟榔谷原生态黎苗文化旅游区始终致力于海南黎苗族文化遗产的发掘保护与民族文化的弘扬，《槟榔 · 古韵》大型实景演出展示了海南少数民族的生

活方式，景区内还展示了多项国家级非物质文化遗产，是海南民族文化的“活化石”，槟榔谷原生态黎苗文化旅游区已成为备受国内外游客喜爱的民族民俗景区。

2. 用充满创意的方式向世界讲述海南故事

海南也通过举办会展增强文化旅游品牌影响力，如创新举办海南国际旅游岛欢乐节，打造“三月三”竹竿舞大赛、海南国际旅游岛青年狂欢节等特色民俗文化节庆和会展。2018 年 12 月，海南三亚市成功举办了首届海南岛国际电影节。电影节为期 7 天，共举办了电影节开闭幕式暨年度华语电影荣誉推选活动、国际影展、六大主题国际电影论坛、两大创新推介会及电影博物馆、明星扶贫公益活动等八个主体板块活动，吸引了全球多个国家和地区的数千名嘉宾及数万名活动参与者。

“旅游 + 文化”的无缝衔接不但丰富了海南旅游新业态，也大幅提升了海南文化旅游魅力。海南旅游在追求国际化的同时，也在不断彰显文化自信，以各种充满创意的方式向世界讲述着海南故事。

3. 多彩文化拉动国际旅游消费

海南省充分利用本省特色历史文化、海洋文化、岛屿文化、民族民俗等文化，以国际化为目标发展“大旅游”，为国内游客提供更多的国际化产品与服务；以全面实施旅游产业项目下的自由贸易政策推进“大开放”，形成国际旅游消费中心。

四、港澳地区：休闲购物与娱乐齐飞的文旅融合

（一）横贯中西、博采百家的文化和艺术

香港的文化魅力体现在历史与现代交融的建筑上。世界上很少有地方像香港一样，在一个如此紧凑的空间，大大小小逾四千多条街道上，呈现如此多元的建筑物。在香港的街道上，不少商铺招牌竟是出自名家手笔——在荷里活道可以看到于右任写的“泉章居”、齐白石写的“同仁堂”。

（二）香港文旅融合的定位与理念

1. 将不同文化元素融合

香港将不同文化元素融合，如在电影设计上，香港就可以作为全国乃至世界的互动桥梁。来自世界各地的人才在这里碰撞火花、迸发灵感、锐意创作，创造

出超越语言、超越国界、超越种族文化而直击心灵的文学作品。所以，香港在影视、动漫、流行歌曲、设计等领域风靡亚洲乃至全球。

2. 让文化融入生活、走近市民

2008 年，香港赛马会牵头将石硖尾工业大厦改造为赛马会创意艺术中心，现在成为众多艺术家和艺术团体的创作基地，他们在此举办各种特色的主题展览、文艺演出、创意市集等。香港还有很多与北京 798 艺术区类似的文创基地，培育了大量的创意人才，同时也为市民创造了近距离接触艺术文化的环境，有力推动了香港社会的文化创意产业发展。

（三）澳门文旅融合的定位与理念

1. 将商业与文化结合

澳门是 16 世纪海上丝绸之路的重要节点，是远东最早开放的地区，是远东最早的传教中心，是东西文化双向交流最早的基地。澳门既是商业古城，又是文化古城，文化具有以中为主、中葡结合的特点。澳门设有专门保护文物的机构。1986 年，联合国将澳门列入文物城。今天澳门的文化机构、团体和文化设施，除了一些专业性的表演团体，其他方面可以说是应有尽有，只是规模较小而已。

2. 打造世界旅游休闲中心

2019 年 4 月 26 日，第七届澳门国际旅游（产业）博览会在澳门开幕。这届博览会重点推动共建“一带一路”倡议和粤港澳大湾区旅游等多个领域的合作，来自多个国家及地区的企业和单位参展。这届旅博会恰逢澳门回归祖国 20 周年，推出“共庆回归二十载缤纷多彩澳门游”特展，全方位、多角度地展示澳门在“一国两制”成功实践下，持续丰富旅游资源和产品，全力建设世界旅游休闲中心。

（四）大湾区文旅融合的定位与理念

1. 以研学旅行为文旅融合新风口

大湾区已经涌现一批研学基地，研学旅行市场正在兴起。现已有数百个各级研学旅行基地、数百家企业展开与此相关的业务。一方面，已有青少年研学交流、主题演讲、企业家沙龙、创意设计、文创研修班、产学交流等形式，有粤港澳三地政府、企业及社会多元参与；另一方面，注重实效，强化产学对接，通过与高校的合作进一步链接企业端、市场端资源，强化人才培养、供需对接、产品孵化，依托学堂培训平台资源，并在产业园区、重点文化企业和高校等地分别设点建设实践基地、文创孵化基地。

2. 文创园及行业协会蓬勃兴起

大湾区文创园如雨后春笋般爆发，仅广州市就有各类文创园区近百家，以羊城创意产业园、深圳万科云设计公社为代表，逐步构建起文创产业集聚区和文创产业带。另外，由羊城晚报报业集团创始和发起成立的广东省粤港澳大湾区文化创意产业促进会也为文创产业发展提供了长足的动力。

3. 夜游成为文旅融合新的增长点

夜间旅游是一种新的文旅产业发展模式，既让传统旅游资源焕发新活力，也创造出新的旅游吸引点和文化旅游产品；既可以提升城市、景区旅游资源和非传统旅游资源的利用率及使用价值，也能够提升游客的时间利用率。精彩纷呈的夜间旅游能为城市带来经济、社会、人文等多重价值，从而为游客提供焕然一新的体验，进而延长游客停留时间，拉动夜间旅游消费。

4. 影视与音乐艺术产业发展迅速

（1）影视产业成为新热点

例如，佛山出台《佛山市南方影视中心影视产业发展规划（2018—2025 年）》，提出要对接港澳，打造华南地区最大规模的影视中心，推动粤港澳大湾区影视产业合作试验区发展。惠州在罗浮山建设影视基地的基础上，加快推进粤港澳大湾区影视产业中心的建设。

（2）形成多层次的音乐节

例如，举办了首届粤港澳大湾区音乐节、珠海北山世界音乐节等，各地各层次的音乐演出场次逐渐增加，丰富了各个年龄段、文化层次的观众的需求，培养了一批有欣赏能力的观众。以酷狗音乐、荔枝 FM 等为代表的互联网数字音乐平台呈现超高速成长的态势，这也意味着未来音乐消费市场会有巨大的发展空间。

5. 粤港澳文化共同市场迅速成型

大湾区具有广阔的市场，正形成较为完整的供应链。一方面，以香港、深圳、广州、澳门作为大湾区的发展“极点”，构成了大湾区文化和旅游发展的“四梁八柱”，明确了香港 - 深圳、广州 - 佛山、澳门 - 珠海强强联合的引领带动作用；另一方面，珠海、东莞、惠州等大湾区重要节点城市发展共同文化市场，与“极点”城市形成产业链上下游发展的新态势。粤港澳大湾区的城市，每年大型演唱会、电影、出版、音乐等行业的市场规模已达千亿元级。大湾区的文化产业有较好的基础。

（五）案例

1. 建设香港标志性的创意中心

香港在文化创新举措上体现其文化魅力。香港特区政府采取扶持资助项目、活化旧建筑老街区等方法促进文创产业发展。比如，在西九文化区中环的元创方，已经被打造为全港标志性的创意中心，开设了各种不同类型的时装饰物、家居用品、珠宝手表等设计师工作室和商铺。

2. 同心共建大湾区

2017 年 12 月，粤港澳大湾区旅游业界合作峰会在香港会议展览中心举行。多位原国家旅游局、粤港澳大湾区政府机构和旅游部门代表，以及旅游业界人士齐聚香江，共同探讨粤港澳大湾区的发展潜力、旅游资源和机遇，与会旅游协会代表共同签署了《粤港澳大湾区旅游业界合作协议书》。2017 年，粤港澳大湾区论坛在香港召开，这是首个以粤港澳大湾区发展为主题的高峰论坛。来自海内外政商学界的多位来宾齐聚香港，共同探讨如何共建粤港澳大湾区、打造世界级科技湾区。2019 年 2 月 26 日，由香港明汇智库、广东省社会科学院、粤港澳大湾区研究院主办的粤港澳大湾区智库高端论坛在香港举行。来自粤港澳智库及社会各界人士出席了论坛，围绕“同心共建大湾区”的主题，共同探讨了如何解读和落实《粤港澳大湾区发展规划纲要》的问题。

第四节　东北地区文旅融合实践

一、吉林：延长产业链，差异化发展的文旅融合

（一）差异化发展，拓展衍生产品链

要延长产业链，就要提升文化和旅游的互动效应，推动差异化发展，不断拓展衍生产品链，增强产业支撑；要拓展产业面，培育多元联动、纵横延伸的产业体系，打造点线连接、区块结合的产业发展格局；要形成产业集群，引导文旅市场高质量发展，推动文旅产业要素集聚集约；要构建产业生态培育的全体系、大系统，生成具有较强市场竞争力和鲜明区域带动力的产业新模式和新格局。

（二）吉林文旅融合的定位与理念

1. 惠民、安全、文明、诚信

吉林省通过宣传文旅融合发展成果，围绕“惠民、安全、文明、诚信”四个理念，推出了一系列公益惠民举措，宣传文明旅游、安全旅游、诚信经营，营造浓厚的舆论氛围，助推吉林省文化旅游发展。例如，2019 年 5 月 19 日至 20 日，长影乐团青少年交响乐团和一汽集团共同演绎了《我和我的祖国》致敬新中国成立 70 周年文艺节目。吉林省文旅部门领导共同为“不忘初心，再续长征路”活动鸣笛启动，并参加了 5 公里的徒步活动。长春市民代表近百人共同体验了“坐红旗车”项目，参观奔腾汽车生产线，听“红旗故事”，感受红旗人的奋斗史。省内各大旅行社设立旅游咨询台，一些文旅企业还现场展示了自己的文创产品、非遗产品。当天，长春市文旅局还在活动现场启动了长春文旅惠民卡夏季套票发售。由此可见，文化和旅游从不曾分离。一场完全没有文化的旅行是不可想象的，正如一种完全不能流动的文化是不可持续的，因为旅游以异地性的文化消费为本质特征，而文化的生命力则在于开放和传播。在党和国家新一轮机构改革中，“诗与远方”携手，重设起跑线，推动深融合，实现新发展，既是巨大的历史机遇，更是伟大的时代使命。

2. 打造“冰天雪地与绿水青山”名片

资源整合是实现资源优化配置、发挥资源效益最大化、释放文化旅游产业红利、推动产业高质量发展的重要手段。

（1）普查评价整合

对吉林省的文旅资源进行全面普查、识别、选择、配置和激活，探寻资源潜力和内在规律，对优质特色资源进行再梳理、再挖掘和再发现，科学制订新的评价标准，能够重构文旅资源新体系，共建文旅资源新平台。

（2）规划引领整合

按照建设发展目标，推动文旅“多规合一”，突出特色，科学布局，合理配置，全面提升文旅资源价值链，实现文旅资源的空间整合。

（3）时间整合

发挥最具吉林特色的雪文化、长白山文化、红色文化、工业文化和兼具“冰天雪地”“绿水青山”两种资源、四季分明的全时段旅游特色优势，将生态与人文、传统与现代、经典与时尚相结合，打造多元产品，统筹推进贯通东北亚冰雪大通道的“冰雪丝路”和“一山引领三江”的避暑休闲产业格局，实现文旅资源的时间整合。

（4）品牌营销整合

细分市场、共筑平台，让每一次营销推广都成为文化和旅游共同演绎的舞台，让每一句口号都成为文化和旅游携手发展的经典。深植文化于旅游品牌的传播中，打造文化旅游新 IP，实现文旅产业协同发展新传奇。

（5）机制创新整合

寻求文旅资源与市场需求的最佳结合点，通过并购、股权、基金、管理、人才等方式实现资源的最优配置，彰显和激发文旅资源活力，实现文旅资源的机制创新整合。

（三）案例

1. 机构整合，突出冰雪文化、冰雪旅游、冰雪体育

2018 年 10 月 18 日，吉林省文化和旅游厅正式挂牌，成为全省机构改革中首家挂牌的省级新机构；2018 年 10 月 30 日，完成两支队伍的“物理整合”，实现全体机关干部集中统一办公；2018 年 12 月 21 日至 25 日，文旅人凝心聚力，高质量举办第三届冰雪产业博览会，突出冰雪文化、冰雪旅游、冰雪体育三大核心产业，拓展冰雪装备制造、冰雪商贸、智慧冰雪、冰雪人才四大关联产业，开展了区域合作、文化展示、旅游节事、体育赛事、商贸交流、人才培训、民俗及美食体验、媒体宣传八大系列 610 项冰雪活动。来自世界和全国各地的 3500 余名参展商参展、800 余名客商参会，省委、省政府、省政协主要领导和文旅部领导出席会议。①

2. 推动差异化发展，不断拓展衍生产品链

（1）依托冰雪和避暑休闲平台，形成产业集群

一是形成了产业集群，坚持市场导向和高质量发展延长产业链，突出创新创意，挖掘冰雪、避暑、红色等特色元素，融入信息、科技、服务等新要素，以提升吉林文化和吉林旅游的互动效应，推动差异化发展，不断拓展衍生产品链，增强产业链支撑。二是拓展产业面，依托冰雪和避暑休闲两大产业平台，发挥文化和旅游的引领与带动作用，构建多元联动、纵横延伸的产业体系，形成点线连接、区块结合的产业发展格局，成为推动全域经济发展的重要引擎和方向。三是坚持市场导向和高质量发展，推动文旅产业要素集聚集约，形成产业集群。

（2）创新要素供给，厚植产业优势

目前，大长白山区域生态旅游中心和以长春、吉林两市为主的旅游经济中心

---

① 杨安娣．文以载道旅以致远：从吉林省看文旅融合 [J]. 中国发展观察，2019（1）：59–60.

已经形成，东、中、西三大旅游发展区互为支撑；长吉图休闲度假、鸭绿江边境风情、南部文化康养、西部草原湿地四条旅游精品带规模初具。吉林省创新要素供给，厚植产业优势，构建产业生态培育的全体系、大系统，生成了具有较强市场竞争力和鲜明区域带动力的产业新模式和新格局。吉林冰雪产业已经走出一条清晰且具有深度延展的嬗变之路。“冷资源”已经变为“热经济”，“凉资源”正在变成“热产业”。

二、黑龙江：文旅产业集团化的文旅融合

（一）演艺进景区，非遗展示进景区

文化产业和旅游产业同属于第三产业，具有天然的融合基础。促进黑龙江省文化产业和旅游产业融合将有助于推动黑龙江省发展新型产业和培育新的经济增长点，有利于促进经济振兴和文化繁荣。黑龙江省主打的总品牌是“北国好风光，尽在黑龙江”，这使文化产业和旅游产业发展水平有了很大的提高，尤其是冰雪旅游产业在设计上已经开始注重突出文旅融合，并开展了一系列的实践活动，如演艺进景区、非遗展示进景区等，提升了景区的文化内涵，推进了文化市场的繁荣。

（二）黑龙江文旅融合的定位与理念

1. 边疆文化大省迈向文化强省

黑龙江省新建和改扩建市县两级文化场馆 111 个，建设农村文化活动广场 5907 个、数字文化服务点和数字文化驿站 1752 个，公共文化服务场馆全部实现免费开放，打造了“城市之光，金色田野”“农民文化艺术节”“社区文化艺术节”等系列群众文化活动品牌和黑龙江省音乐大赛、黑龙江省舞蹈大赛、黑龙江省书法精品展、黑龙江省摄影艺术展等精品赛事，年均举办各类大型文化活动 5000 多场次，惠及城乡群众 2000 多万人次。[①]

2. 文旅融合形成化学反应

黑龙江省旅游发展势头强劲，正在从资源优势向经济优势、发展优势转变。中华人民共和国成立以来，黑龙江省旅游业经历了从接待事业型向经济产业型转变、从一般经济产业向战略支柱产业发展转变的历程。文旅产业初步融合，正在

① 哈尔滨市人民政府网站．我省召开庆祝新中国成立 70 周年文化旅游专场新闻发布会 [EB/OL].（2019-09-20）[2023-12-25].www.hrbwl.org.cn/content/640.

从高速增长向高质量发展发力。随着地方行政机构改革的全面深化，文化和旅游发展体制发生了根本性变化，文化和旅游进入融合发展的新时代。按照“宜融则融、能融尽融”的原则，黑龙江省在业态融合、产品融合、市场融合、服务融合等方面进行了积极探索，文旅融合发展的化学反应正在形成。

（三）案例

1. 推出冰雪主题旅游产品

黑龙江省在哈尔滨冰雪大世界、哈尔滨国际冰雪节重点景区和节庆活动上，探索开展了冰雪文化、冰雪时尚、冰雪经贸、冰雪体育等活动，极大地调动了群众的参与热情。在黑龙江省内各景区充分利用各类非物质文化遗产资源，相继推出“冬捕”“冬钓”“龙江猫冬”“养生冬补”等旅游新产品，吸引了众多游客的广泛关注和积极参与。

2. 推出演艺的“远方与诗”

从 2015 年开始，黑龙江省主要演出场馆和重点旅游景区举办冬夏两季驻场演出。哈尔滨大剧院、哈尔滨音乐厅、老会堂音乐厅等场所高端专业演出长年不断，冰雪大世界、雪乡、漠河北极村等景区各具特色的文艺演出轮番上演，完美展示了黑龙江旅游与文化结合的感染力，为广大游客的黑龙江之旅带来了充满留恋与回味的“远方”和充满浪漫与温情的“诗”意。

三、辽宁：旅游业供给侧结构性改革的文旅融合

文化是旅游的灵魂，旅游是文化的载体。要想加速文旅融合，首先，要厚植辽宁省文化资源优势，创造性转化，创新性发展，利用丰富的文化遗产资源建设内涵旅游、体验旅游、境界旅游的特色文化 IP，打造世界文化遗产旅游目的地；其次，用文化元素为旅游铸造灵魂，让风景富有神韵、山水饱含诗情；最后，赋予各类旅游景观、设施和服务以文化基因，使之成为担当文化使命、承载文化功能的重要载体。

（一）节庆活动点亮民俗品牌

文化是旅游的灵魂，游客在游玩的同时更热衷体验当地的人文风情。近年来，辽宁通过民俗活动、列车冠名、商业街区打造等，不断丰富旅游的文化内涵，实现了旅游收入的持续增长。大力推进文旅融合，不仅能够挖掘丰富的文化资源，也为旅游业增添了源源不断的新动力。

节庆活动点亮民俗品牌。辽宁是文化富地，文化是打造辽宁旅游强省的核心竞争力。辽宁在推进文旅融合发展的过程中特别注重节庆活动的举办，以民俗文化为载体打造了独具特色的旅游品牌。

（二）辽宁文旅融合的定位与理念

1. 工业企业成为国家级旅游景区

在推动旅游与制造业融合方面，沈阳着重培育滑雪设备、低空飞行、房车制造等产业集群，华晨宝马、沈阳机床等多家工业企业成为国家级旅游景区；在推动旅游与农业融合方面，沈阳发展锡伯龙地、盛京驿站等几十个乡村旅游庄园，沈阳休闲农业年营业收入不断增长。

2. 通过“旅游＋”促进产业融合

为激发旅游发展活力，大连创建“一体双轮五驱动”综合管理模式，培养各类功能区品牌，获评“中国最佳旅游城市”“全国首批旅游休闲示范城市”“美丽山水城市”。大连推进“旅游＋邮轮”“旅游＋农业”“旅游＋工业”“旅游＋体育”“旅游＋医药”“旅游＋航空”“旅游＋交通”项目发展，建成三寰牧场等一批休闲旅游项目，建设海盐世界公园、玻璃小镇等，开发帆船、自行车环岛赛等旅游赛事。

3. 边境旅游成为特色和发展方向

丹东口岸赴朝旅游人数占全国赴朝人数的85%以上，有40多个国家和地区的游客经丹东口岸赴朝。① 经过30多年发展，边境旅游已成为丹东特有的“旅游名片”。

4. 深化旅游业供给侧结构性改革

深化旅游业供给侧结构性改革，培育壮大市场主体；着力促进辽宁旅游业从门票经济向产业经济、景区旅游向全域旅游、观光旅游向休闲度假旅游、小众旅游向大众旅游转型升级。

5. “节庆＋民俗”拉动旅游经济快速发展

“节庆＋民俗”文化的协调发展拉动了辽宁旅游经济的快速发展，促进了旅游市场的空前繁荣，也拉动了全省文化产业、生态农业、服务业、地产业等相关产业的协调融合发展，推动了辽宁由旅游输出大省向旅游目的地强省的转变。

---

① 搜狐网．丹东赴朝鲜登岸游游客达到2万人次[EB/OL].（2017-01-12）[2023-12-21]. https://www.sohu.com/a/124143343_119689.

（三）案例

1. 特色羊汤和旅游相结合

辽宁省本溪市本溪县举办的羊汤美食文化节就是文旅融合的典型案例。辽宁省本溪市满族自治县羊汤已有300多年的历史，为提升其文化知名度，当地把特色羊汤和旅游相结合，举办羊汤美食文化节，让原先“养在深闺人未识”的佳肴成了外地游客到本溪县游览观光时必尝的一道地方性特色美食。随着羊汤美食文化节美誉度的不断提升，带动了县域内自然风光、温泉康养、红色抗联等其他旅游资源的挖掘及业态发展，为当地进一步打造生态旅游品牌、加速构建全域旅游发展新格局奠定了基础。

2. 民族风情国际旅游节是亮点

作为一年一度的保留节目，抚顺民族风情国际旅游节的举办，不仅推动了抚顺市经贸交流和旅游业的蓬勃发展，也成为市民狂欢的盛大节日。从努尔哈赤“祭祖”和“登基”大典的盛况到“抚顺格格集体婚礼”，再到“满族知名人士寻根之旅”，抚顺推出的一系列具有浓郁民族风情的文旅活动都给外地游客留下了深刻印象。

3. 加速文旅融合互联互通是关键

山再好，水再美，也得让游客进得来、来得顺，这是旅游产业发展的先决条件。辽宁在“文化＋旅游＋交通”融合发展上，早布局早入手，一方面推进了“引客入辽”战略的实施，另一方面也加速了文旅融合的步伐。

辽宁丹东凤凰山被誉为“国门名山”“万里长城第一山”“中国历险第一名山”，以秀美的自然山岳风光和独特的宗教文化享誉国内外，吸引了越来越多的游客，是辽东旅游的一颗璀璨明珠。凤凰山风景名胜区与中国铁路沈阳局集团公司共同开行吉林－丹东凤凰山、山海关－丹东凤凰山旅游专列，吸引了大批吉林及其他地区的游客来到辽宁做客。在专列车厢内，通过座位头枕巾、桌板贴、海报、车门贴、广播和列车电视等媒介，全方位、多频次地展示了辽宁丰富的山水、文化等旅游资源，冠名旅游专列是辽宁省大力推进全域旅游的一项重要举措。辽宁省充分利用高铁的优势，把全省深厚的人文底蕴和丰富的旅游资源快速地向省外乃至全国进行推广，这是辽宁借助交通力量，进一步扩大知名度和影响力的重要举措。

辽宁省的抚顺、盘锦、本溪等城市相继与铁路部门签订了旅游专列合作协议，同时“哈大高铁体验游”“辽东边境风情游”“辽西历史文化游”“辽宁中部八市游”“辽宁沿海六市游”等铁路精品旅游线路的相继开通，为沿线具有丰富的历史文化和自然资源的城市提供了展示自身优势的移动平台，使这些城市迎来旅游经济发展的崭新机遇。

4. 文化街区提升综合竞争力

随着旅游需求从观光游向体验深度游的转变，辽宁文旅的融合发展逐步实现从门票经济到旅游产业链全面开发的转型升级。其中，文化底蕴丰富的旅游街区逐渐成为外地游客的热门目的地。

（1）留下沈阳轻工业文化的浓墨重彩

2018 年举办的“2018 中国（沈阳）老龙口文化特色商业街规划与发展论坛”上，一条彰显盛京古韵及民国风情的文化特色商业街“老龙口 1662 酒文化一条街”建设被提上日程。很多游客都是冲着感受传统文化而来，文化旅游街区的建设是沈阳市进一步打造全域旅游品牌，以及逐渐打破旅游门票经济、不断延长旅游产业链条的新举措。“老龙口 1662 酒文化一条街”集沈阳老字号聚集区、工业建筑博物馆、白酒主题文化园、创意创新聚集群为一体，为振兴东北老工业基地留下了沈阳轻工业文化的色彩。

（2）传统老街与旅游相结合，引领时尚消费

与沈阳中街、太原街遥相呼应，营口辽河老街近年来成为彰显当地人文历史特色的新地标。在政府的重新改造规划下，传统的老街道与旅游相结合，成了引领时尚消费、备受外地游客青睐的旅游胜地。如今，漫步在老街上，传统文化与时尚文明相结合的建筑风格映入眼帘，重新修缮的仿古建筑搭配上造型逼真、形态各异的人形石雕、蜡像，游客置身其间，仿佛穿越回旧时的闹市中。

5. 浓厚的文化氛围刺激游客需求

浓厚的文化氛围、独特的文化格局是当今游客选择旅游目的地的因素之一。各具特色的商业街区代表了一座城市的精彩，是城市的名片。商业街的文化展示是被动的，是旅游发展的附属品。提高文化在街区旅游发展中的比重是辽宁下一步文旅融合发展的新举措。

6. 文化是灵魂，休闲业态是关键

辽河美术馆、1905 文化创意园、广厦艺术街等一批具有代表性的文化旅游街区正悄然兴起，以其深厚的文化底蕴彰显着辽宁旅游的文化内涵，提升了辽宁旅游的综合竞争力。文化是灵魂，休闲业态是关键，下一步辽宁将会继续推动公共文化旅游区域的开放，迎接全域旅游发展的春天，让工业旅游成为辽宁旅游的金名片，整合红色文化资源，打造辽宁红色文旅品牌，将地域文化融入旅游纪念品的设计研发中。

辽宁省通过举办大型民俗文化展演推动文旅融合，鼓励辽宁省艺术家以辽宁本土故事为原型创作剧本，打造譬如《印象 · 满族》《印象 · 关东风》等大型山水实景演出。同时应加大力度开发俄罗斯、东南亚等重点旅游市场，用好“72 小时过境免签”政策，提升辽宁旅游知名度。

7. 制定文旅融合措施

全力构建崭新文旅格局，加强文旅一体化、差异化发展，构建中心城区文化旅游圈、休闲旅游带、东北生态文化旅游圈等“一带两圈”文旅空间格局；建设一批高能级旅游功能区，全速推进全域旅游创建，力争创成国家 5A 级旅游景区 3 个、国家级旅游度假区 4 个，持续将罕王宫、沈阳故宫和北京故宫串联起来创建国家全域旅游示范点；打造文化旅游夜游品牌，培育牛河梁红山文化、义县宝林楼、阜新查海“中华第一龙”等旅游产业集聚区；加快推进琥珀、煤精、玉石、玛瑙雕刻等国家级非物质文化遗产建设，培育一批标志性工程；大力推动文旅项目扩容提质工程等重点项目建设，加快实施市旅游业“微改造、精提升”五年行动计划，以提升辽宁省旅游纪念品的文化含量，全面促进旅游业高品质提升和高质量发展。

第五节　西北地区文旅融合实践

一、陕西：文化遗产活化的文旅融合

（一）全国领先的博物馆旅游和演艺

西安近些年在文旅融合方面取得了一系列成果。西安的大唐不夜城、城墙、永兴坊文化旅游景区在全国具有非常高的知名度和影响力，在互联网上也一直热度不减；博物馆旅游在全国处于领先地位；旅游演艺方面，陕旅集团的《长恨歌》《12 · 12》和华夏文旅的《驼铃传奇》在全国都有很好的口碑。

（二）陕西文旅融合的定位与理念

1. 科技与文化旅游结合

陕西在实景演出、剧场演出两大模式的基础之上，强调整合优势资源和提升薄弱资源，以实现科技与文化、科技与旅游的融合。

2. 发展文旅小镇

发展以袁家村为代表的民俗文旅融合项目，通过将民俗小吃、技艺等与休闲生活方式、现代文化创意相结合，形成年游客量过百万、收入过亿的文旅小镇。将文化融入旅游发展之中，根据小镇的资源及产业特色或发展规划确定主导产业，将其与文旅产业融合，扩大小镇的影响力，形成保障小镇发展的长效运营机制。

3. 打造旅游节庆品牌

以凤县文化旅游节为代表的节庆旅游模式，通过将文化融入节庆，以节庆为媒介推出极具品牌影响力的大型节庆，进一步打造旅游节庆品牌，提升旅游整体形象、影响力和知名度。

4. 推广夜间旅游模式

以大唐不夜城为例的夜间旅游模式，大唐不夜城通过以文促旅、文旅助商，融入商业、休闲、娱乐、体验等多种元素，打造多种夜游项目的综合性文化旅游步行街，在满足市民游客的各种文化、消费需求的同时实现文旅商的互动融合发展。

（三）案例

1. 项目引领产业聚集

西安市拨付资金重点扶持文化旅游企业发展，发布了文化旅游产业快速发展工作方案，提出了多条支持政策，其中坚持项目引领、加速产业聚集是重中之重。加快推动重点文旅项目建设，以文创产业促就业、促创新、促消费，西安将以文化产业示范园区（基地）建设，带动文化企业聚集发展。

2. 打造城市文旅品牌

围绕“千年古都·常来长安”这一全新的城市文旅品牌，西安市策划推出“乐长安”“享长安”“共长安”三大主题活动。此外，还有“千年古都·常来长安”文旅游记、旅游宣传片、主题歌曲，以及主题列车、主题客舱和城市旅游电子通票等一系列策划。西安还提出以创意设计、传媒影视、动漫游戏、电子竞技为重点，成长性好、创造性强、附加值高的现代文创产业。

3. 文化产业升级

西安市通过推动文旅企业重塑商业模式来实现文化产业升级，使文化产业升级成为西安文旅产业发展的重要推动力。

4. 文化遗产活化

陕西省基于文化遗产活化进行文旅融合。陕西省重视盘活资源，活化与创造文化，突出传统文化的现代解读、旅游资源的现代打造。通过文化物态化、活态化、业态化手段，让陕西文化活化为旅游产品，形成文化旅游八大业态，即旅游演艺、文创开发、文旅综合体、文旅特色小镇、节庆、夜游、“会展＋旅游”、主题公园。

二、甘肃：文化遗产资源数据云平台的文旅融合

（一）古丝绸之路，今全域丝路游

1. 提升文旅形象

近年来，大众对甘肃旅游认可度逐渐提高。随着共建“一带一路”倡议不断推进，甘肃省的旅游热度迎来了新一轮增长，甘肃省也将“交响丝路·如意甘肃”作为其文旅形象，进一步增强了大众对于甘肃旅游的认可度。

2. 丝路之旅成为文旅产业新动力

文旅融合成为甘肃省“新名片”。甘肃省旅游接待人数和旅游综合收入已连续多年保持增长，文旅产业已成甘肃十大生态产业的首位产业，被视为甘肃经济动能转换的“排头兵”。备受海内外游客青睐的丝路之旅，也逐渐成为甘肃文旅产业新的增长动力，从古丝路沿线的麦积山、七彩丹霞到敦煌莫高窟，甘肃正在变成“丝路游”全域大景区。

（二）甘肃省文旅融合的定位与理念

甘肃省重点实施六大文化工程，重塑丝路辉煌。六大文化工程包括敦煌文化工程、长城文化工程、黄河文化工程、始祖文化工程、红色文化工程和民族民俗文化工程。具体而言，敦煌文化工程旨在建设国家文物保护创新研究中心，打造“一带一路”文化遗产资源数据云平台，建设河西走廊国家遗产线路；长城文化工程将开展长城抢救性保护行动，创建长城文化遗产保护创新平台，建设长城国家文化公园；黄河文化工程将创建国家黄河文化保护创新（兰州）中心，建设黄河文化展示和产业集聚区；始祖文化工程将创建始祖文化协同发展中心，打造“全球华人寻根祭祖圣地”文旅品牌；红色文化工程强调加强革命文物保护，同时建设长征国家文化公园；民族民俗文化工程将开展民族民俗文化振兴行动，加强非物质文化遗产保护传承等。

（三）案例

1. 打好丝绸之路文化旅游牌

甘肃省充分挖掘兰州作为古丝绸之路重镇所沉淀的多元文明的基因，整合了历史文化碎片和文化记忆，增强对丝绸之路沿线各国人群的吸引，从而增进了对话与交流，实现了文化的融通和人心相通。

2. 打好黄河文化旅游牌

甘肃省重点实施黄河文化工程，创建国家黄河文化保护创新（兰州）中心，把兰州建设成为黄河文化展示区和文旅产业集聚区。甘肃省以“黄河之都”为文旅品牌的文化旅游业将由此迎来新的发展机遇。

3. 打好“前工业文明”旅游牌

甘肃省通过将“前工业文明”的遗存融入城市文化格局来形成城市的文化记忆，在工业遗址上建设工业遗产博物馆和怀旧车站等工业旅游体验空间，打好“前工业文明”的旅游牌。

4. 打好“一带一路”民族民俗旅游牌

甘肃省着力加强非物质文化遗产保护传承，大力发展民族风情旅游、民俗旅游、民间民俗手工艺博览会等，以建设丝绸之路非遗文化博览中心为依托，打造“一带一路”民族民俗文化旅游品牌。

5. 打好移民文化旅游牌

甘肃省挖掘并建构兰州的会馆文化、商会文化等移民文化，唤起移民文化的认同感以及移民输出地的亲近感，从而通过移民文化旅游营销兰州。

三、青海：生态底色、绿色优先的文旅融合

（一）发挥生态自然优势

1. 世界上独有的生态、文化和旅游资源

青海坐拥世界上独有的生态、文化和旅游资源，多民族聚居，多宗教并存，多元文化荟萃，被誉为“中华水塔”和“三江之源”，有千山堆绣、百川织锦的山宗水源。独特的地理气候条件造就了青海气势磅礴、辽阔壮丽之美，多样的高原生态环境赋予了青海蓬勃活力、旺盛生命之美，久远的历史文化积淀构成了青海绚烂多姿、人杰地灵之美。

三江源头绿意盎然，青海湖畔鸟欢鱼跃，祁连山上林海莽莽，湟水河畔清水

荡漾。青海有着远古文明的昆仑神话、黄河发端的河湟文化、世界非物质文化遗产热贡艺术，是“一带一路”和长江经济带的连接交汇，各民族休戚与共，多元文化交相辉映，构成了独具魅力的大美之地。青海集地理极地、生态高地、安全要地、文化名地、旅游净地于一体。生态资源是青海文化旅游发展最宝贵的财富。青海省出台了《青海省进一步激发文化和旅游消费潜力的实施方案》，举办“黄河·河湟文化”惠民消费季活动，启动文化消费试点城市建设，向居民发放惠民卡等。

2. 多元相统筹，实现文旅融合

青海省建立对口援青以及长江、黄河、澜沧江流域文化旅游合作机制，以文化交流为纽带，传播推介与尊重多元相统筹，实现文旅融合、发展联动、成果共享。

青海具有高原净土的独特优势。青海是率先重启跨省团队游的省份，打造“大美青海·旅游净地”名片，以央视宣传为引子，把握旅游形象推广最佳启动时机，及时开启全媒体强力宣传青海旅游模式，充分借力央视央广及中央驻青、省垣媒体、户外广告、楼宇等宣传资源，形成矩阵式传播。“大美青海·旅游净地”旅游广告甚至还登上了美国纽约时代广场，青海已经成了大众心中向往的文化旅游目的地、网红打卡地。

3. 将文旅演艺和文旅集市有效结合

青海省开展了青海文旅人游青海、青海人游青海、博物馆日、非遗购物节、“黄河·河湟文化”惠民消费季、中国景区创新发展论坛、全省文旅企业家建言献策座谈会、诚邀全国人民游青海等活动，针对“夜间经济”的兴起，将文旅演艺和文旅集市有效结合，为广大居民及省内外游客提供多元的消费选择。

（二）青海文旅融合的定位与理念

1. 提供高质量的旅游产品和服务

青海省调整文旅专项资金支出结构，最快速度集中下达文化旅游专项资金 2.5 亿元。向省内金融机构推送全省文旅行业意向贷款企业和项目 193 个，融资需求 85 亿元，促成合作项目 100 多个，助企融资近 20 亿元。全省文旅管理部门齐抓共进，先后创排大型剧目 20 多台，全省各类文艺团体共演出 1.8 万余场。积极创新经营模式，努力提供更多高质量的旅游产品和服务，推动文旅市场繁荣，形成安全、诚信、文明的“大美青海·旅游净地”大市场环境。2020 年 1—8 月，青海接待游客人次和旅游总收入分别恢复至去年同期的六成和四成以上。全省文化馆（站）、图书馆、博物馆、旅游星级饭店、旅行社、A 级旅游景区复工率全部达到 100%。[①]

2. 文旅产业聚集发展

青海省大力推进多元文化产业发展，推动海东河湟文化、海西昆仑文化、黄南热贡文化产业等集聚区建设，推动海南、海北环青海湖生态文化旅游先行区和玉树、果洛三江源生态文化体验区发展，使文旅深度融合，企业及其展品占比进一步提升。手工艺品、土特产品、景区景点推介等共同构成了青海文化旅游产业融合发展的一个缩影。2019 年，被誉为“中国的科罗拉多”的龙羊峡生态旅游度假景区首次整体推介旅游景区的旅游线路、旅游项目等，并现场发售门票，吸引了许多游客去龙羊峡景区探秘，全面展示了青海文旅融合发展的新特点、新趋势。

3. 强化设施，挖掘文体项目活化遗产

青海省推动公共文化设施旅游开放，拓展全民阅读活动，支持现有文化馆、图书馆、博物馆、纪念馆、文化广场等公共文化设施面向游客开放；开展文化旅游创意产品展示销售、旅游景区和旅游线路推介、文化演出等活动，促进公共文化服务与旅游开发协调发展；加快文旅融合与公共体育发展，挖掘开发射箭、赛马、摔跤等民族传统体育项目，释放冰雪运动潜力，推动大型体育场馆及设施向社会免费或低收费开放，推广全民健身运动；成功举办“民族团结进步”青绣大赛、青海传统工艺（青绣）与乡村振兴论坛，将非遗传承发展工程方案作为典型在全国推广。

4. 创建全域生态文化旅游区

青海省积极推动具有青海特点的全域旅游示范区创建，串联打造国家级生态旅游线路和风景道，联合打造国家青藏高原生态旅游目的地；大力发展“互联网 + 旅游”新业态，打造一批智慧景区和智慧旅游小镇，建设以河湟文化、热贡文化、昆仑文化、三江源生态文化等为代表的文化产业示范区。

（三）案例

1. 活化遗产

（1）加强文化遗产保护传承

青海省加强文物保护利用和文化遗产保护传承，实施文物展示利用惠民工程；

① 闻皓 .2020 全国文化产业和旅游产业融合发展高峰论坛在西宁举行 [EB/OL].（2020-09-08）[2023-12-22].https://baijiahao.baidu.com/s?id=1677279572144499190&wfr=spider&for=pc.

发挥文物服务社会功能，加快省级以上文物保护单位合理利用步伐，依托喇家国家考古遗址公园、西海郡故城遗址、第一个核武器研制基地旧址等文物保护单位中独具特色的文化生态资源，实施文物展示利用工程；积极发展文化观光、休闲体验、红色旅游等多种形式的文化旅游活动，打造青绣、剪纸、农民画、雕塑雕刻、藏饰等传统特色文化品牌。

（2）打造民俗文化旅游综合体

青海互助纳顿庄园推动了文旅融合提升旅游品牌，促进了旅游经济加快发展。纳顿公司依托互助土族自治县独具特色的土族民俗风情和地域特色，紧紧围绕消费升级需求，以实景展示、歌舞演艺等多种形式展演推广纳顿节、土族花儿、土族婚礼、土族轮子秋、土族安昭舞、土族盘绣、土族服饰等。经过多年探索实践，企业从“农家乐”升级为民俗文化旅游综合体。

2.“诗与远方”牵手同行

青海省为积极推进文旅融合发展，通过文旅展览、青绣文化、唐卡外宣、等文旅活动开展文旅融合。同时，建立跨区域合作机制，如青海和深圳的青绣情，加强公共文化设施建设，加强文体活动发展，不断推进文旅产业聚集发展。

第六节　西南地区文旅融合实践

一、云南：基于数字技术的文旅融合

（一）打造“七彩云南，旅游天堂”文旅品牌

1. 七彩文化与自然生态相结合

云南多民族文化和多元性山川风景一直是宣传的重点，云南的文化具有多元化特点，具体如下。

（1）自然文化

例如，石林、九乡溶洞、元谋土林、普者黑山水、西双版纳热带雨林、苍山洱海、玉龙雪山、梅里雪山等。

（2）古镇文化

例如，大理古城、丽江古城、独克宗古城、建水古城、巍山古城、会泽古城、沙溪古镇、和顺古镇、光禄古镇、团山古村等。

（3）民族文化

云南有25个少数民族（其中白族、哈尼族、傣族、傈僳族、佤族、拉祜族、纳西族、景颇族、布朗族、普米族、阿昌族、基诺族、怒族、德昂族、独龙族这15个民族为云南所独有），这些民族的语言文字文化、服饰文化、建筑文化、歌舞文化、酒文化、婚俗文化等文化形态通过景区、节庆活动等载体不断显现。

（4）历史文化

例如，古滇文化、爨文化、南诏文化、大理国文化等，有些历史文化已得到充分的展现，有些还有待挖掘。

（5）非物质文化遗产

云南的非物质文化遗产众多，有民间文学、民间音乐、民间舞蹈、传统戏剧、曲艺、民间美术、传统手工艺、民俗等，部分门类已融入文旅融合发展当中。

（6）名人文化

云南历来人杰地灵，名人众多，如庄蹻、郑和、段正淳、袁嘉谷、聂耳等。

（7）气候文化

云南多数地区四季如春，在寒冷的冬季可以看到鲜花不败，在夏季仍享受着春天的凉意，甚至在藏区可以看到皑皑白雪。这种立体性气候全国罕见，在世界也不多见。

2. 以国际化、高端化、特色化、智慧化为方向

“十三五”期间，云南省文旅行业以习近平新时代中国特色社会主义思想为指导，贯彻落实习近平总书记考察云南重要讲话精神，立足于满足人民群众日益增长的美好生活需要，按照省委省政府建设最美云南的决策部署，坚持以国际化、高端化、特色化、智慧化为方向，加快文化建设，推进旅游产业的转型升级。云南全省文化和旅游工作在改革中前行，在创新中出彩，在推进文旅融合中取得积极成效。依照国际化、高端化、特色化、智慧化方向促进文旅融合，发展全域旅游。2020年，云南省文化事业繁荣发展，艺术创作、公共文化、文物与博物馆、非物质文化遗产保护领域成果丰硕；旅游目的地品牌创建实现新突破；旅游市场秩序持续好转，“30天无理由退货”成为诚信云南新标志；“一部手机游云南”功能不断拓展，打造智慧旅游新标杆；大滇西旅游环线和半山酒店建设稳步推进，旅游文化产品业态新体系构建蹄疾步稳，“七彩云南，旅游天堂”品牌更加深入人心。

3. 着力打造文旅融合重点示范项目

截至2020年，云南省已推出80条精品非遗体验线路和10条乡村精品旅游

路线；建成省级文创园区37个、文化产业示范基地28个，建水紫陶文化产业园进入全国首批10个国家级文化产业示范园区创建单位；成功打造“云南映象”等41项精品旅游演艺节目，举办46项国际性文旅活动和100多项体育旅游赛事活动。同时，统筹资源规划，推进“非遗、文物、博物馆＋旅游”，抓好红色旅游示范项目、6大遗址公园、8种博物馆集群和6个博物馆群落建设，用文化丰富旅游产品供给。①

（二）云南文旅融合的定位与理念

云南省基于数字技术进行文旅融合、重点以数字技术为手段、以文化数字化为切入口，联合腾讯公司推出“一部手机游云南”智慧平台，以数字技术创新旅游服务、管理、营销和体验，推动互联网、云计算、大数据、人工智能同文化旅游实体经济深度融合。其主要定位与理念如下：第一，政府主导，民间资本参与；第二，产业全业态化；第三，产品品牌化、主题化；第四，景区智慧化、数字化；第五，以民族文化、历史遗产赋能旅游；第六，乡村旅游与扶贫融合。

（三）案例

1. 艺术创作繁荣公共文化服务

“十三五”期间，云南省深入开展云南省公共文化服务体系建设补短板三年行动计划，基本实现省、州（市）、县（市、区）、乡（镇）、村（社区）五级公共文化服务设施网络全覆盖。滇西抗战纪念馆、云南省博物馆等一批重大文化基础设施相继建成投入使用。

（1）公共文化服务体系逐步完善

截至2019年底，云南全省共有公共图书馆151个、文化馆149个、美术馆4个、非遗中心27个、乡镇文化站1445个、村级综合性文化服务中心13442个，实现五级公共文化服务设施网络全覆盖，并向自然村延伸，有效提升了公共服务标准化、均等化水平。文化惠民常态推进，举办“奋斗杯”云南省群众文艺作品大赛和农民工文化节等系列群众性文化活动，开展“文化大篷车·千乡万里行”“彩云之南等你来”夜间文艺演出等惠民演出活动，完成惠民演出48283场，

① 瑞丽市民宗局．“十三五”期间云南民族文化建设提升人民群众获得感和幸福感[EB/OL].（2020－12－29）[2023－12－22].https://www.rl.gov.cn/smzj/web/_F0_0_04BWTQ9P1Z4FDM4JD23HJ0FVVS.htm.

观众人数达6000余万人次，增强了基层各族群众的获得感和幸福感。[①]

（2）艺术创作进一步繁荣

围绕全面建成小康社会、脱贫攻坚、乡村振兴、抗击疫情等主题，云南省新创、原创大型舞台艺术作品50余台，创作了《农民院士》《流芳》等一批文艺精品剧目，维西县傈僳族《瓦器器》获得第十七届全国“群星奖”。云南省入选“中国文化艺术之乡”20个，命名“云南民间文化艺术之乡”26个，先后成功举办第十二届全国舞蹈展演、云南省新剧目展演、云南省花灯滇剧艺术周等重大文艺活动。[②]

2. 文化产业集聚效应日趋增强

近年来，云南全力打造省域文化标识，积极推动旅游文化发展，推进传统文化保护和申遗工作，打造具有云南辨识度的文化标识，积极推进遗址考古调查及保护利用，加大非遗保护、传播展示和合理利用力度，推进文化遗产与旅游深度融合。

（1）高质量推动文化遗产保护开发跃上新台阶

云南文化遗产保护和传承工作以物化活化为重点，积极推动优秀传统文化创造性发展创新性转化，扎实推进非遗特色产业集群培育、传统工艺振兴、文化遗产展览展示，推动文旅融合非遗体验点制度化建设；加快古城遗址考古发掘，遗址公园建设，培育一批文化基因转化发展示范项目和示范点。挖掘云南优秀传统文化精髓，加强学术研究，规划云南非遗旅游精品线路，为七彩云南带建设提供资源开发保障。

（2）继续开展对外文化交流活动

云南进一步完善对外文化交流资源，梳理对外文化交流项目，在统筹各方、整合资源、科学规划的基础上，有计划、有步骤地实施对外文化交流活动，讲好云南故事；组织申报公共文化国家交流基地项目申报评选，提升公共文化场馆国际化服务能力，组织参加重要文旅展会，联合举办“友城线上音乐会”，计划开展文化交流活动，拓宽对外文化交流渠道。

（3）继续实施“七彩云南”工程

为推进云南文化旅游资源创造性转化、创新性发展，打造文化旅游版图，云南

---

① 侯婷婷．云南：文艺繁荣发展，文旅融合创新[EB/OL]．(2020-12-25) [2023-12-22]．https://baijiahao.baidu.com/s?id=1687006209829557146&wfr=spider&for=pc．

② 侯婷婷．云南：文艺繁荣发展，文旅融合创新[EB/OL]．(2020-12-25) [2023-12-22]．https://baijiahao.baidu.com/s?id=1687006209829557146&wfr=spider&for=pc．

进一步打磨大型原创民族交响情景音乐会《梦回云南》，组织排练七彩云南主题合唱作品，做好组织演出工作，丰富“云南寻梦之旅”艺术精品，提升品牌影响力。

3. 创新民族文化与旅游融合成绩亮眼

云南全面贯彻“保护为主、抢救第一、合理利用、加强管理”的工作方针，在“2020 云南民间故事展演”活动中，拉祜族史诗演唱《牡帕密帕》等精彩节目轮番登台，鲜活的非遗文化展示让观众对云南民族文化、非遗等产生了浓厚兴趣。文化遗产的传承和保护，主要采用以政府为主导、社会为辅的策略，物质文化遗产和非物质文化遗产保护传承途径主要是通过普查掌握信息，然后选择优质资源申报国家、省、市、县文物保护单位和非遗保护名录，后续再运用依托政策手段实施保护促进传承。中华人民共和国成立后，云南省一共进行了 3 次文物普查，进行过 1 次可移动文物普查。总共 4 次普查让云南省的文化遗产丰富性从隐性走向显性，文化遗产的传承和保护得到长足发展。第一次全国文物普查始于 1956 年。第二次全国文物普查自 1981 年秋至 1985 年，其规模和成果均远超第一次，但受资金、技术等条件制约，仍然有漏查，云南的文化遗产保护和发掘工作整体上处于隐性和模糊状态，缺乏系统排查和梳理。

最新的文物普查为文物保护工作开创了新局面。第三次文物普查规模大，涵盖内容丰富，信息网络、数码相机、卫星定位仪等现代科技段运用其中，普查成果更加丰富、真实。此次文物普查共登记文物点 2166 处，其中新发现文物三十 325 处，复查 1356 处。新发现三十 325 处文物中，古遗址 194 处，古墓葬 101 处，古建筑 25 处。通过认定、采集数据、规范登记的文献古籍、历史档案、书画作品和民族民俗文物等可移动文物 13 万多件。普查全面掌握了云南省可移动文物的数量、类型、分布、保存状况、保管权属和使用管理等基本情况。截至 2023 年底，傣族剪纸和藏族史诗《格萨尔》两个项目入选联合国教科文组织《人类非物质文化遗产代表作名录》。云南省有世界文化遗产 2 项、世界自然遗产 3 项、世界记忆遗产 1 项，全国重点文物保护单位 170 项，可移动文物 42 万件套、78 万多单件，中国传统村落 708 个，国家级非遗代表性项目 105 项，代表性传承人 125 人。云南省推动文旅融合发展成绩亮眼，石林借鉴彝族《阿诗玛》的文化元素和影响力，成功打造了石林阿诗玛文化旅游品牌；红河深入挖掘哈尼族梯田农耕文化内涵，构建起多层次旅游品牌。云南省民族文化与旅游的结合日益加深，已建成大理周城村、腾冲和顺古镇、临沧翁丁村等多个旅游特色村和民族特色村寨，成为民族地区乡村振兴的靓丽底色，为深入开展非物质文化遗产普查、有效摸清家底创造了条件。

二、贵州：产业园区化的文旅融合

（一）文化旅游产业园区化

1. 打造文化产业园区，搭建文旅融合的平台载体

文化产业与旅游产业具有天然的可融合性，文化为旅游产品注入了文化内涵，旅游产业为文化产业提供了市场。随着近年来旅游消费理念的升级，旅游消费者已不再满足于浅层次的观光游览型旅游产品，而是更多地青睐于具有丰富文化内涵和体验的文化旅游产品。针对旅游市场的变化，贵州发挥自身文化资源优势禀赋，深入挖掘旅游文化内涵，打造特色文化旅游产品，积极推动旅游产业与文化产业深度融合，主要表现为打造各类文化产业园区（基地），搭建文旅融合的平台载体。贵州以“十大文化产业园”“十大文化产业基地”项目建设为载体，积极推动文化与旅游产业融合发展。目前，已有多家产业园（基地）建成并投入运营，如贵阳数字内容产业园、黔西南民族文化产业园、贵阳会展基地、贵州（凯里）民族民间工艺品交易基地、贵州日报报业集团印务传媒研发基地、多彩贵州城、黔中国际屯堡文化生态园等。

2. 打造精品文化旅游线路和文化旅游商品

贵州打造了精品文化旅游线路和文化旅游商品，丰富了旅游产品的文化内涵。目前贵州形成了以观赏喀斯特自然风光和多民族文化为主题的多条精品文化旅游线路。此外，还先后举办了各类文化旅游节庆活动，如“中国原生态民族文化旅游节”“中国贵州乡村旅游节”等，打造了民族文化演艺项目，培育了文化旅游品牌。目前贵州形成了以《多彩贵州风》《依依山水情》等为代表的文化演艺品牌，其中民族歌舞诗《多彩贵州风》成为贵州对外宣传的文化旅游名片。

3. 创建文化产业示范基地，培育文化产业市场主体

2020 年，贵州省委、省政府《关于推动旅游业高质量发展加快旅游产业化建设多彩贵州旅游强省的意见》明确指出加快完善旅游产业链，优化旅游发展布局结构，整合跨区域资源要素，加快旅游产业集聚发展，推进城乡区域协调发展。以项目支撑旅游业高质量发展，按照“12345”产业链推进模式，推动“双千工程”在旅游业深度融合，实现工作链、产业链、价值链“三链合一”，强化龙头企业、专家团队、基金支持、人才保障“四位一体”，推动旅游与一、二、三产业融合发展，催生新业态，延伸产业链，形成新的增长点和增长极。

（二）贵州文旅融合的定位与理念

贵州省基于产业园区（基地）化进行文旅融合。贵州省近年来充分发挥自身资源优势，深入挖掘文化内涵，打造一系列特色旅游产品，建设一系列文化产业园、会展基地、文化生态园等，丰富旅游产品文化内涵。其主要特征有，第一，政府主导，民间资本参与；第二，产业全业态化；第三，产品品牌化、主题化；第四，景区智慧化、数字化；第五，以文化赋能旅游；第六，乡村旅游与扶贫融合。

（三）案例

贵州省遵义市习水县栗木镇土河村位于习水县桑木镇，是习水县以党政主导、公司搭台、农民自主经营、利益链接分红为经营模式，推动乡村旅游转型升级和文化旅游扶贫的示范点。土河村作为习水县城“后花园”，围绕产城互动、文旅融合发展，培育了多家乡村旅馆、星级农家乐和特色农产品经营网店。土河村先后获得了“中国少数民族特色村寨”“贵州省民族团结进步模范集体”等多项荣誉称号。

土河村荷塘苗乡是国家AAA级旅游景区，景区内居住着苗、汉、布衣、壮族等少数民族、是习水县苗族聚居人口最多的红苗村寨之一，被称为“中国少数民族特色村寨”。荷塘苗乡景区旅游业的发展，带动了整个村的经济发展，又解决了乡村“老龄化、空壳化”的问题，促进了乡村的振兴发展。

三、西藏：以图文、人物雕塑、VR技术为支撑的文旅融合

（一）以丰富多彩的形式展示西藏历史文化、自然风光

资源禀赋特色鲜明的西藏自治区，地处边陲，地域辽阔，周围紧靠其他四省藏区，彼此文脉相连，有着紧密的文化联系。西藏自治区有着强烈的区域特色，昌都的康巴文化、阿里的古格文化、日喀则的后藏文化、山南的雅砻文化、那曲的草原文化林芝的部落文化等，每一个都极具特色，对平原地区的游客有着强烈的吸引力。近年来，西藏将优势文化资源陆续转化，打造世界旅游目的地和“地球第三极”旅游品牌，形成富有藏区风采的文化之路，且不局限于特色地貌，而是融汇了民俗、民间传说、传统工艺等的文化之路，形成了以文化人、以美育人的文化动力，使其成为最具韵味、藏区气派和辨识度的文化品牌。通过多渠道共建，西藏以古老传说、图片、文字记载、实物展示、人物雕塑、虚拟现实技术等丰富多彩的形式，展示着西藏的历史、文化与人物故事为核心的文化创意产业链，

以市场为导向、以再开发和再创造为路径，将非遗文化价值转化为创意资本，让西藏历史文化在新时代焕发生机。

（二）西藏文旅融合的定位与理念

1. 改善民生，丰富西藏人民文旅生活

以藏族文化为特色的西藏文化，内容丰富、博大精深。西藏在发展地域优势特色文化的基础上，可以最大限度地利用好、保护好已有的和潜在的旅游资源，从而推动文化事业、文化产业和旅游产业的融合发展。这不仅拉动了西藏的旅游经济，而且还丰富了当地群众的生活。随着群众文体设施不断增多，活动持续丰富。政府应确保县级艺术团有足够的排练场所，推进乡村演出队建设。

2. 富民兴藏，提升西藏自治区域经济

藏族服饰、藏式建筑、藏族歌舞、藏式饮食等都是宝贵的文化资源。青藏高原壮丽辽阔的山脉湖泊与垭口悬挂的五彩经幡、湖边垒起的玛尼堆交相辉映，是西藏自然风光与文化元素的完美融合。在西藏林芝市，受益于鲁朗小镇的建设，周边的扎西岗村、罗布村、东巴才村的群众越来越多地投入旅游服务中，藏家乐、藏餐、藏式民宿等有着浓郁文化色彩的旅游形式成为鲁朗人脱贫致富的重要渠道；推动旅游业从“门票经济”向全产业链转变；降低游客进藏成本，提高便利性，加大红色旅游资源开发利用；深化文旅融合，发展文创产业，培育“旅游 +”新业态。

3. 交流宣传，使西藏同胞与各族人民交流交融

挖掘、整理西藏传统文化中各民族交往、交流、交融的历史资料，以生动活泼、通俗易懂的方式宣传和讲述这些；进一步加强共同体意识，完善对外文化交流资源，发掘历史资源，增加大型实景剧《文成公主》《江孜印迹》的展播次数，梳理对外文化交流项目。在统筹各方、整合资源、科学规划的基础上，有计划、有步骤地实施对外文化交流活动，讲好西藏故事。提升公共文化服务能力，做大做强西藏博物馆展览展陈工作，综合协调区域内其他重要资源如朗孜夏陈列馆、清政府驻藏大臣衙门、根敦群培纪念馆等，以古迹、文物、人物雕塑、虚拟现实技术等丰富多彩的形式，展示西藏的的历史与人物故事。同时，组织参加各类重要文旅展会，联合举办线上音乐会等年轻人喜爱的活动，拓宽对外文化交流渠道。

（三）案例

1. 西藏与周边省区讲好“高原丝绸之路”的故事

四川省与西藏自治区的旅游工作者、文化工作者，一同携手做好“高原丝绸之路”这个题目，讲好“高原丝绸之路”的故事。在“高原丝绸之路”的旅游开发过程中，要把非遗和文物结合起来，让文物活起来。沿着“高原丝绸之路”的节点，以非遗建设展示方式，建立非遗旅游景区，让游客真正体验到西藏旅游文化的魅力。茶马古道是一条商道，也是民族融合、民族团结之路，更是一条民族文化的传播之路，各个民族在此交往交流交融。西藏自治区旅游发展厅将会开发其在文旅方面的多重价值。西藏自治区旅游发展厅将立足西藏旅游服务升级，深化“地球第三极”品牌打造，在文旅融合的旅游新模式下不断探索，利用“高原丝绸之路”将西藏旅游资源和文化资源进行完美融合，努力提升西藏旅游的吸引力，创造出独特的西藏特色旅游发展之路。

2. 西藏民族物质文化生活得到了极大改善

达东村已成为拉萨群众“林卡文化”的好去处。经过近几十年的发展，西藏人民的物质文化生活获得了极大改善，尤其是以文化体制改革为契机，加快培育西藏旅游市场主体，提升经营性文化企业核心竞争力，推动民办文化蓬勃发展，通过各种政策鼓励社会力量包括个人、企业、社会团体兴办国家政策许可的各种文化经营活动。西藏在经营性文化产业领域，完善产业政策，优化服务环境，发动民间资本进入文化领域，鼓励社会捐赠公益性文化事业，出台政策鼓励民间资本投资举办图书馆、科技馆、博物馆；在公益性文化事业领域，激活民营资本，推动公益事业社会办、民间办。在解决公共文化载体、阵地、机制方面进行了有效探索，搭建了立体式的建设模式，既立足基层又有制度保障。采取多种形式将文化项目在社会公开招标，吸引和鼓励资本和社会力量积极参与西藏文化产业的发展；出台的政策立足民营经济为主体的市情，明确提出“谁投资、谁受益”的原则，对社会力量兴办文化产业实行优惠政策，实现了文化产业的投资主体由一元化向多元化转变。西藏自治区政府投入与社会投入相结合，以少量政府投资带动大量社会资金参与建设，走出了一条政企合作兴办文旅的新路子。对于一些大型文化活动，由企业提供赞助，既解决了经费短缺的问题，也为企业提供了展示形象的载体。这种市场化的运作方式，既解决了经费短缺问题，又增加了西藏人民的收益，真正使西藏人民的物质文化生活获得极大改善。

参考文献

[1] 庞学铨．国际文旅融合示范案例研究[M]. 成都：四川人民出版社，2020.

[2] 张杰，汤小河．推进文旅融合 实现高质量发展：长三角六市群众文化工作的思考与实践[M]. 镇江：江苏大学出版社，2022.

[3] 潘丽丽．文旅融合：理论探索与浙江产业发展实践[M]. 杭州：浙江工商大学出版社，2021.

[4] 成浩，伍欣，刘佑华．文旅融合下的研学旅行人才培养研究[M]. 西安：陕西旅游出版社，2019.

[5] 周红雁．文旅融合环境下的公共图书馆转型研究[M]. 合肥：安徽大学出版社，2021.

[6] 朱亚成，张青，朱萍．西部体育产业与文旅产业融合发展研究[M]. 北京：九州出版社，2021.

[7] 李柏文．“文化创意+”旅游业融合发展[M]. 北京：知识产权出版社，2019.

[8] 刘为民．文化与旅游融合发展报告[M]. 济南：山东大学出版社，2011.

[9] 范周．言之有范：文旅融合时代的文化思考[M]. 北京：知识产权出版社，2020.

[10] 马衍明，王重谕．成渝地区双城经济圈文旅融合的优化路径研究[J]. 四川戏剧，2022（10）：164–169.

[11] 刘晓瑜．文旅融合视野下文创产品开发策略与研究[J]. 江苏商论，2022（11）：60–63.

[12] 康思本．人工智能视角下公共图书馆文旅融合模式优化[J]. 图书馆理论与实践，2022（6）：9–15.

[13] 王晶．文旅融合视角下大连文化遗产活化问题探究[J]. 文化产业，2022（31）：138–140.

[14] 李金来，蒋建华．名人文化的文旅融合路径探析：以抚州汤显祖为例 [J]. 社会科学家，2022（8）：67−72.

[15] 刘顺伶，姚君虹．文旅融合视角下的天津市乡村旅游发展路径研究 [J]. 安徽农业科学，2022，50（21）：139−141.

[16] 吴钰萱．文旅融合背景下的非遗保护与传承探讨 [J]. 文化产业，2022（30）：139−141.

[17] 邱智鸿．文旅融合视角下娄底乡村旅游发展路径研究 [J]. 黑龙江科学，2022，13（20）：138−140.

[18] 田婷，张蕾．文旅融合背景下郴州市非遗资源的开发与利用对策 [J]. 新西部，2022（10）：113−115.

[19] 郝帅．文旅融合高质量发展促进黑龙江省文化旅游强省建设 [J]. 理论观察，2022（9）：90−93.

[20] 杨思杰．文旅融合视角下的乡村价值重构水平时空演化及规划策略研究 [D]. 杭州：浙江工商大学，2022.

[21] 潘晓晴．文旅融合下苏州地区文创产品设计研究 [D]. 苏州：苏州大学，2022.

[22] 孙清云．文旅融合背景下西安市沉浸式舞台剧《鼓》的价值研究 [D]. 太原：山西师范大学，2022.

[23] 薛猛．文旅融合背景下贵州格凸河景区体育旅游品牌建设研究 [D]. 贵阳：贵州民族大学，2022.

[24] 梁硕．文旅融合视角下朝鲜族村落旅游环境规划研究 [D]. 延吉：延边大学，2021.

[25] 胡敏杰．文旅融合视域下贵州岜沙苗寨非物质文化遗产的保护和开发研究 [D]. 桂林：广西师范大学，2021.

[26] 刘凌辰．文旅融合背景下华侨城文化旅游节事活动整合营销传播研究 [D]. 昆明：云南财经大学，2021.

[27] 张韵蓉．文旅融合背景下云和县乡村文化遗产旅游活化策略研究 [D]. 桂林：广西师范大学，2021.

[28] 张泽群．文旅融合背景下公共文化场馆发展路径研究 [D]. 济南：山东大学，2021.

[29] 杜卓群．互联网对文旅融合的影响机制研究 [D]. 济南：山东大学，2021.